王 曙 主编

上海

知会书系

教坛新人的育德修炼

——中学主题班会的设计与实施

上海教育出版社
SHANGHAI EDUCATIONAL
PUBLISHING HOUSE

图书在版编目（CIP）数据

教坛新人的育德修炼：中学主题班会的设计与实
施 / 王曙主编. — 上海：上海教育出版社, 2020.7
ISBN 978-7-5720-0072-0

Ⅰ. ①教… Ⅱ. ①王… Ⅲ. ①班会－研究－中学
Ⅳ. ①G635.5

中国版本图书馆CIP数据核字(2020)第132760号

总 策 划　刘　芳　宁彦锋
责任编辑　陈　群　施　云
封面设计　周　吉

教坛新人的育德修炼——中学主题班会的设计与实施
王　曙　主编

出版发行　上海教育出版社有限公司
官　　网　www.seph.com.cn
地　　址　上海市永福路123号
邮　　编　200031
印　　刷　上海商务联西印刷有限公司
开　　本　700×1000　1/16　印张 12
字　　数　195 千字
版　　次　2020年9月第1版
印　　次　2020年9月第1次印刷
书　　号　ISBN 978-7-5720-0072-0/G·0055
定　　价　45.00 元

如发现质量问题，读者可向本社调换　电话：021-64377165

上海教师教育丛书编委会

主　　任　李永智　尹后庆

编　　委　（以姓氏笔画为序）

<table>
<tr><td>王　平</td><td>王　洋</td><td>王　涛</td><td>戈一萍</td></tr>
<tr><td>卞松泉</td><td>尹后庆</td><td>宁彦锋</td><td>朱益民</td></tr>
<tr><td>刘　芳</td><td>闫寒冰</td><td>孙　鸿</td><td>李永智</td></tr>
<tr><td>李　蔚</td><td>杨　荣</td><td>杨振峰</td><td>吴　刚</td></tr>
<tr><td>吴国平</td><td>陈小华</td><td>陈永明</td><td>陈宇卿</td></tr>
<tr><td>陈　军</td><td>邵志勇</td><td>周增为</td><td>赵洁慧</td></tr>
<tr><td>姜　虹</td><td>恽敏霞</td><td>袁振国</td><td>奚晓晶</td></tr>
</table>

策　　划　吴国平

总　序

　　教育改革的步伐已经进入了关注教师发展的新阶段。不是因为课程改革已陷于制度性疲倦，不是因为评价改革终将受制于社会发展的瓶颈，也不是因为我们拥有超过千万的中小幼教师队伍，每年有数十万的青年人正在进入这个领域。课程也好，评价也罢，根本上它们都内在于教师。拥抱"教师的年代"，不在于讨论有多少以教职为生计的人，而在于如何拥有师者的内在品质，值得学生效法，使自己从一名教者成长为一名真正的师者。

关注教师是国际教育改革的普遍趋势

　　制度化教育确立以来，课程长期占据着学校教育的中心地位。直到20世纪60年代，国际教育界才开始把视线转向教师。这是由于课程、教学、评价、管理这些学校层面的所有改革，最终都离不开教师。尽管半个世纪以来，教师职业到底算不算专业还存有不同的看法，但关于教师的专业化问题持续受到广泛关注。

　　中国向来具有别于西方的教育传统。中国古代教育有重教师、轻课程的传统，唯这种传统并未演化成现代意义上的教与学的机制，更未形成制度化的学校，因此循着传道授业解惑的路径发展教师素养的希冀，愿望虽好，但缺少登梯之阶，难以形成规范。近年来，随着教育国际交流的增进，尤其是上海学生在PISA项目中的表现，引来国际社会对中国教师组织化程度经验的关注，其中教研组和集体备课被认为是两大亮点。因为在西方，教师的教学行为被认为是从属于个人的专业行为，即便是同行也不得任意干预，可以想见，其结果便影响到授业与指导经验的传播。问题是，中国学校教研组的形式究竟以怎样的方式引导教师提升专业能力，尚缺乏充分的论证和公认的成果。理论上来说，一个组织如果确实发生了影响，既有可能是正面积极的，也有可能是负面消极的。教研组对于教师的影响，既未被证实也未被证伪，能否成为经验尚待科学论证。至于集体备课，不久前在上海对近八千名中小学幼儿园教师所进行的问卷调研显示：面对庞杂的课程事实和众说纷纭的教师要求，一大批成长期的教师从茫然不知所措，到随波逐流；而所谓"成熟期"的教师则顾影自怜地停留在自我经验的世界中，真正知识讲授型教师则难觅踪影。教师发展的局限已成为深化课程改革的短板，这样的局面不改变，教育质量有大滑坡的风险。

教师的成熟需要积累丰富的社会实践

在汉语中，我们把师者称为"老师"，一般解释其中的"老"无义，表尊敬。其实《荀子·致士》中强调了做老师有四个条件，其中一条曰"耆艾而信，可以为师"。古人把五十岁的人称为"艾"，把六十岁的人称为"耆"，把七十岁的人称为"老"。这或是"老师"称谓的早期由来。可见，年龄本是成为教师的一项先决的基本条件。只是在制度化教育出现以后，尤其是以分科为特征的知识传授成为学习的基本形式形成以来，这种年龄的限制才被取消。

古人为什么会对为师者设置年龄限制？是因为教师的职业属性是一名"杂家"，这样的"杂家"不经过长期的、丰富的社会实践积累，是难以炼成的。在今人眼里，"杂家"似乎意味着专业程度低人一等。其实，无论是在古代中国还是在近代西方，强调的都是社会中的个体应具备多方面的才能。孔子所谓的"君子不器"不是在谈"杂家"吗？而马克思关于人的全面发展又何尝不是在谈"杂家"呢？及至当代，"把一个人在体力、智力、情绪、伦理各方面的因素综合起来，使他成为一个完善的人，这就是对教育基本目的的一个广义的界说"（《学会生存》）。这句话表明"杂家"较之于"专家"更近于"完善的人"。教师面对的是多姿多彩的学生，每个学生都有各自的阅历，他们的家庭、他们的生活、他们的所见所闻都不尽相同，每个学生都是一个完整的世界，每个学生又都是一个独特的世界。教师要想成为学生精神生活的指引者，自己必须是一个精神生活丰富的人。而精神生活丰富的基础就是有渊博的知识，不仅是专业知识，而且是与之相关的各方面的知识。

岗位成长已成为教师专业发展的共识

我们拥有成熟的师范教育体系，拥有完备的教师任职制度，是否就意味着我们拥有了优秀教师的培养机制？想要回答这一问题，须明了教师是师范院校培养的吗？教师资格认证制度是从教的当然资质吗？

　　教师知识与技能的习得途径主要有三种：一是书本阅读，二是课堂知识传授，三是实践体悟。前两种可以通过岗前培养与训练获得，后一种则需要在岗锻炼习得。这就意味着，一名真正合格的教师无法在职前培养中完成，亦无法依靠教师资格认证制度自然解决。这也可以解释为什么近年来相当数量的示范性高中多从综合性大学招收新任教师，是示范性高中教学要求低，还是这些学校无视教育的专业属性？答案显然不是。教师的专业性主要不在于"知"，而在于"行"，即一名教师在从教岗位上的实践、探索、体验、反省和觉悟。可以认为，教师是在岗位实践中自我型塑的，师范院校也好，综合性大学也罢，都不过是为一名教师从教所做的预判性准备。

　　所谓教学，不是教师从书本上把知识搬家一样送到学生面前，它必须融入教师自己的透彻理解，没有教师的透彻理解很难有学生的透彻理解，"以其昏昏，使人昭昭"的事在教育上是难以发生的。在教师透彻理解的基础上，还必须考虑知识传授的方法。采取什么样的方法，除了教师的个人喜好外，还涉及知识的难易程度、学生的接受程度以及教学资源的承受能力等因素，取舍之间，包蕴着非常丰富的个性化知识。一名真正的优秀教师拥有丰富的个性化知识，犹如中医问诊中的察颜把脉。这种知识无法仅仅通过书本研读和知识传授获得，需要通过实践不断揣摩，从而得到一种内化了的知识。显然，它是一种非常个人化的特殊知识，需要教师在对每个学生"辨症"施教中不断积累，其习得主要依赖于教师的个人努力。由此，可以得到一条简单而又明确的结论：帮助一名从教者，使之成为一名真正的师者。可以说，帮助数以千万计的从教者，使其早日成长为师者，这是今日中国教师教育领域的一项重大课题。

助推教师成为教育的思想者、研究者、实践者和创新者

　　国家兴旺，教育为本；教育优先，教师为基。持续了半个世纪的教育改革浪潮把教师发展推到了历史的前台。在当代教育的历史进程中，教师不是单纯的任务执行者，而是教育的思想者、研究者、实践者和创新者。在专业发展的路径上，教师的主体地位、精神和意识得到了时代的推崇，教师专业化发展和对教师的重新发现将对教育产生重大影响。可以说，教师问题的重要性已

无须讨论,而应考虑如何实践。

新一轮课程改革呼唤着教师创造性地施行教与学的行为。吊诡的是,一大批被应试熏陶出来的青年走上讲坛,他们却被要求培养有创新能力的学生。面对变化了的教学材料和教学要求,是施教者的一脸迷茫和不知所措。英国教育家沛西·能曾说过,教师是学生学习的最大动力。问题是,迷茫中的施教者如何才能让自己成为学生学习的动力呢?

基于上述认识,由上海市师资培训中心主持,联合上海师范大学、华东师范大学以及上海教育出版社等单位,倾力研发并打造了这套"上海教师教育丛书"。本丛书由"知会书系""知新书系"和"知困书系"三部分构成,分别聚焦新教师的教学规范、校本的教师研修经验以及优秀教师的成长启示,旨在从岗位上助推有资历和创造性的教师成长,这是我们的理想和愿望。

鉴于本书系不仅是上海也是国内自改革开放以来第一次全面系统开发的教师在岗培训教材,限于能力和水平,在编写过程中尚有诸多局限和不足,乞教于方家,不吝批评指正!

上海教师教育丛书编委会

2017 年 4 月

前　言

　　在经济社会飞速发展的今天,适应社会并充分发挥每个人的创新能力,不仅是时代发展对每个公民的要求,更是对当今教育提出的新命题。围绕促进学生全面发展,提升核心素养的目标,我们必须在青少年教育尤其是德育方面,进一步拓宽视野,探索路径,创新载体,优化策略,从而使我们的德育跟上时代的步伐。

　　主题班会是学校德育的重要形式,也是提升学生品格和开展思想道德教育的有效载体。它在引导学生自我管理和自我教育方面发挥着重要的导向作用。同时,主题班会也是完善班集体建设和增强集体凝聚力的重要途径。它通过集体力量的发挥和集体智慧的呈现,使学生在集体活动中受到教育和熏陶,有效激发学生追求自身发展和提高综合素质的内驱力。总体而言,主题班会作为培养学生核心素养的一种重要方式,它涉及学生成长的方方面面。因此,一次成功的主题班会对学生具有重要的引导和促进功能,从而产生显而易见的教育成效。

　　主题班会的设计与实施是班主任重要的工作职责之一,从某种程度上来说,主题班会的设计与实施是班主任教育境界、教育理念、教育智慧、教育策略等方面的综合体现,班主任的教育水平和育德能力对主题班会的质量有着举足轻重的影响。因此,只有切实提高班主任的教育水平和育德能力,才能为主题班会实效性的不断提高提供切实的保障。对于步入教坛时间不长的职初教师而言,在专业发展的起步阶段,不仅需要尽快熟悉和掌握课堂教学的基本规范和基本技能,同样也需要努力掌握与学生进行有效沟通交流、开展思想道德教育的基本方法和策略,这其中就包括主题班会的设计与实施。换言之,主题班会的设计与实施是职初教师专业发展的必修内容,也是职初教师逐步提高育德能力的重要历练。通过主题班会的设计与实施,引导职初教师不断增强教书育人、立德树人的意识,是对职初教师专业成长的有力促进。教育的实践表明,职初教师设计和实施主题班会的过程,就是了解和把握学生思想情感,与学生进行对话交流沟通的过程。这一过程也能促进职初教师更多地关注学生的日常学习和生活实际,更敏锐地发现学生或班集体出现的问题,以及随之而来的对于如何分析和解决问题的深入思考。把握主题班会设计和实施中的诸多要素,如主题确定、目标确立、材料选择、过程设计、形式选用以及如何体现主题班会的育人成效等,对于职初教师来说,都是弥足珍贵的育德体验。从这个意义上说,主题班会的设计与实施,是提高职初教师育德能力的重要路径和有效载体。

基于以上想法,针对职初教师专业成长和育德能力提升的需要,我们选取了主题班会的其中六个重要因素,即主题确定、目标确立、材料选择、形式选用、过程设计、班会评价,以专题的方式,从认识和实践两方面进行阐述和分析,意在为职初教师提供引导和启示。就主题班会的认识而言,主要聚焦主题班会要素的内涵澄清、价值判断、常见问题与误区以及需要遵循的原则等,其目的在于引导职初教师深入理解主题班会的价值;就主题班会的实践来看,则主要是通过课例展示和课例分析的方式,对设计和实施主题班会的基本规范作了示例,对其中的特点进行评述,旨在为职初教师的主题班会实践提供可资借鉴的思路结构和活动模式。总之,希望这本书的评述和介绍,能够让职初教师了解和掌握主题班会设计与实施的基本规范及要求,进而不断增强育德意识,深入开展育德实践,在育德的修炼中实现专业成长的目标。

参与本书撰稿的有:王曙(专题一)、裴美婷(专题二、专题七、附录)、佟洁(专题三)、王婷婷(专题四)、谭爱华(专题五)、赵晶(专题六),最后由王曙和裴美婷对全书进行审读和修改。本书插图由黄雯毓绘制,辑封由钱思琪设计。

此外,学校党总支书记庞丽娟同志对书稿的架构提出了宝贵建议,黄红艳、王婷婷、汤海燕、姜志萍、郜维娜、李卉、佟洁、裴美婷、曾颖等同志提供了主题班会的课例,在此致以诚挚的谢意!

当然,书中仍有许多不足之处值得商榷,敬请广大教育同行批评指正。

王曙

2020.4

目 录

专题一 主题班会概述 ······································· 1

一、主题班会的涵义 ·································· 3

二、主题班会的意义 ·································· 3

三、主题班会的功能及其一般特点 ············ 7

四、主题班会教育对象的特点 ··················· 9

五、主题班会的实施 ······························· 12

专题二 主题班会的主题确定 ······················ 17

一、主题班会主题确定的意义 ··················· 19

二、主题班会主题确定的常见问题及误区 ··········· 19

三、主题班会主题确定的原则 ··················· 22

四、案例分析 ·· 24

专题三 主题班会的目标确立 ······················ 39

一、主题班会目标确立的意义 ··················· 41

二、主题班会目标确立的常见问题及误区 ··········· 42

三、主题班会目标确立应坚持的原则 ············ 45

四、案例分析 ·· 47

专题四 主题班会的材料选择 ······················ 63

一、主题班会材料选择的意义 ··················· 65

二、主题班会材料选择的常见问题及误区 ··········· 66

三、主题班会材料选择应坚持的原则 ·················· 68

四、案例分析 ··································· 70

专题五　主题班会的过程设计 ···················· 87

一、主题班会过程设计的意义 ···················· 89

二、主题班会过程设计的常见问题及误区 ·············· 90

三、主题班会过程设计的原则 ···················· 92

四、主题班会过程设计的着力点 ·················· 94

五、案例分析 ····························· 96

专题六　主题班会的形式选用 ···················· 111

一、主题班会形式选用的意义 ···················· 113

二、主题班会形式选用的常见问题及误区 ·············· 115

三、主题班会形式选用的原则 ···················· 117

四、案例分析 ····························· 119

专题七　主题班会的评价 ······················· 133

一、主题班会评价的意义 ······················· 135

二、主题班会评价中的常见问题及误区 ················ 136

三、主题班会评价的原则 ······················· 138

四、主题班会评价的课堂观察 ···················· 140

五、案例分析 ····························· 142

附录　主题班会活动资源参考 ···················· 158

参考文献 ································ 179

专题 01

主题班会概述

主题班会作为班会中最重要的一种教育形式，是班主任对学生进行思想教育的重要手段，也是培养学生综合素质、增强学生团结协作意识的重要阵地，更是建设班级文化的有效途径。

自 1998 年起,国家教委以规章的形式明令"各级教育行政部门和中小学校应切实保证校会、班会、团(队)会、社会实践的时间"。这是教育行政部门以"指令性计划"的形式,专门分配给班主任的教育时段。主题班会作为班会中最重要的一种教育形式,是班主任对学生进行思想教育的重要手段,也是培养学生综合素质、增强学生团结协作意识的重要阵地,还是建设班级文化的有效途径。所以,设计与实施主题明确、内容新颖、形式活泼、为学生喜闻乐见的主题班会就成为学校教育的重要任务。

一、主题班会的涵义

关注主题班会,首先需要廓清主题班会的涵义。

从定义上说,"主题班会"相对于"班会"是一个"子概念",它的界定在本质上离不开"班会"的概念。《简明教育大辞典》指出:"有一个明确的主题"的"班会"即"主题班会"。《中国中学教学百科全书(教育卷)》则从实用主义出发,认为"主题班会"是"在班主任的指导下,根据学校教育计划或根据客观需要,为解决本班某一重要问题而进行的班会"。

有学者进一步丰富了这一定义,强调班主任工作和主题班会之间的关系,认为"主题班会是班主任根据教育任务和班级学生的实际情况,围绕一个专题或针对一个问题而组织的教育活动,它是班主任对学生进行思想品德教育的一种重要形式,是班主任有意识、有组织、有计划地实施德育的重要载体"。

也有学者强调主题班会中师生之间的互动性,认为主题班会是"围绕一个教育主题,班主任与学生共同设计表现形式、表达方式,由班主任指导,由学生表演的一种活动"。

总之,对主题班会概念的界定,由于研究角度的不同,得出的结论也不尽相同。但这些概念之间包含一些共通的因素,如主题班会的实施主体包括班主任和学生,有鲜明的主题,本质上是一种教育活动等。

综上所述,主题班会是指在班主任的引导下,根据学生的兴趣和身心发展特点,以学生为主体,经过一系列精心设计、策划的班级教育活动。

二、主题班会的意义

主题班会作为班集体教育活动之一,在引导促进学生树立正确的人生观、价值观、世界观方面具有重要作用。主题班会的意义在于：

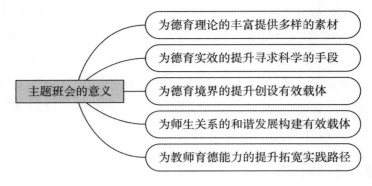

图1-1　主题班会的意义

（一）为德育理论的丰富提供多样的素材

当今社会高科技、互联网的迅速发展给人们的生活和学习带来了诸多变化，但无论社会怎样变化，教育立德树人的根本使命和任务不会变，让每位学生实现人生的幸福这一教育本质不会变。作为学校教育的重要方式之一，主题班会在这其中承担着引导学生正确认识人生、认识社会、认识自我，促进学生树立正确世界观、人生观、价值观的重要职能。应该看到，教师育德能力的提高和德育实效性提升已成为当前学校教育的重要命题，这些命题的破解，在很大程度上取决于德育理论的丰富完善和有效的实践。而如何针对当代中学生的特点采取有效的主题教育方式，如何改革传统的德育思路和模式，并没有现成的理论作指导，需要我们在教育实践中进行深入的探索和大胆的尝试，赋予主题班会以新的内涵，并采用符合时代特征和当下中学生思想情感认知特点的形式来实施主题班会。从这个意义上说，主题班会以其特定的对象、广泛的内容和多样的形式，为德育实效性的不断增强提供了多样的教育素材；为学校德育一体化、课程化的整体设计和架构，提供了丰富的实践案例；为德育理论的丰富完善提供了不可多得的佐证材料。

（二）为德育实效的提升寻求科学的手段

引导学生把立德树人的目标和要求与自己的学习和生活紧密联系，做到知行合一，这既是学校教育的重要目标，也是需要不断攻克的难点。教育的实践表明，每个学生的认知水平、成长经历、家庭背景和社会关系存在差异，每个学生在不同阶段的成长发展也不尽相同。关注和尊重学生的差异，是教育的重要原则，也是提高德育实效性必须思考的首要问题。

基于此,德育的实施必须采取适合学生差异的科学手段。主题班会作为学校德育的重要抓手,让学生通过主题班会触动心灵,产生共鸣,收获认知,这其中除了确定班会主题之外,科学有效的手段和方式也十分关键。显性和隐性的教育方式、体验与讨论的情境创设、情感的激发和调动,都需要根据不同主题和对象做出恰当的选择。手段要灵活多变、新颖独特,一味地说教灌输,或是脱离实际,空泛而流于形式地讨论交流,都不可能产生实效。要实现引导学生自我认识、自我教育、自我管理、激励奋发的效果,主题班会一定是在把握学生认知水平、尊重学生差异的前提下,在手段方面下功夫。主题班会的实效如何,反过来也能验证主题选择、学生研究和手段采用的有效性。从这个意义上说,主题班会的实施也正是一个不断探究如何使德育手段更加有效的过程。

(三) 为德育境界的提升创设有效载体

学校办学水平的提升重在引领师生形成围绕学校办学目标的共同愿景,并为共同的价值追求而奋斗,逐步形成具有学校个性的办学文化。作为办学的重要组成部分,学校德育不仅需要一体化的架构,更需要提升德育境界,从学校文化建设的高度来审视和规划德育,其中,主题班会就是提升德育境界的重要载体。一是通过主题班会,为形成学校办学的共同愿景创造条件,围绕学校的办学目标,形成不同年段的主题班会系列,为形成学校的办学特色奠定广泛的师生基础;二是主题班会对形成良好的班风学风具有不可或缺的作用,学生价值观的培养、集体荣誉感的增强以及班集体的文化建设都需要发挥主题班会的独特作用;三是主题班会对引导学生自我教育、培养学生的自我发展能力具有价值引领的意义。主题班会为每位学生将自己与集体中其他成员进行对照创造了有利条件,从而促进学生对自我有更清晰的认识,发现自己的不足和优势,为自我教育和自主发展提供了目标引领;四是在主题班会过程中,学生并不是单纯的受教育者,学生的能力和素质也从中得到了有效锻炼。主题班会的策划、组织管理以及沟通协调,往往是学生自行或在教师指导下完成的,该过程对学生来说是责任意识、组织能力、沟通交往等多方面素养的综合考量,如由学生主持主题班会,对其语言表达、心理素质、临场反应等方面都是不可多得的体验和锻炼。

简而言之,只要从学校文化建设的层面来观照主题班会,就能够不断拓宽学校德育的眼界,从而提升学校德育的境界。

（四）为师生关系的和谐发展构建有效载体

师生关系是教育活动中最基本、最普遍和最重要的关系，它因教育而生，为教育而存。师生关系的好坏不仅会对教育教学的效果产生巨大影响，而且对师生的身心成长与发展都具有重要作用。正如教育家赞克夫所说："就教育工作的效果来说，很重要一点是要看教师和学生之间的关系如何。"从当前的教育实践来看，课程教学改革的重要目标之一，就是引导教师从关注自己的教转向关注学生的学。这一转变不仅仅是教育视角的转换，更意味着教师角色的重新定位，即教师不再仅仅是传统意义上居高临下的知识拥有者和知识传授者，而应当是学生学习的引导者和合作者。这一教育理念就要求在教育实践中以课程教材作为载体，构建新颖和谐的师生关系，教师重在启迪学生学会学习，学生则在教师的引导下体验探究，实现知识建构。课程教学改革的这一理念启示我们，主题班会应当成为构建和谐师生关系的有效推动力。主题班会关注的是学生原有的认知经验和生活经验、学生的自我认识、责任意识以及品质培养、道德认知与实践等有关综合素质的各个方面，由此可见，主题班会特定的内容有利于构建和谐的师生关系。师生在主题班会实施过程中交流思想情感，使得教师成为学生成长道路上的解惑者和引领者，在走进学生的内心世界、与学生开展真诚的心灵对话的同时，拉近师生关系，成为可以倾诉学生内心苦恼和困惑的良师益友。通过主题班会，教师能够走近学生的内心世界，关注学生的现实问题，为学生答疑解惑；学生将教师视为自己成长过程中可以信赖的知心朋友，从而构建和谐的师生关系，营造良好的班集体氛围，促进学生的健康成长与全面发展。

（五）为教师育德能力的提升拓宽实践路径

立德树人是教育的本质使命，也是教师专业发展的重要内涵。这要求教师不断提升育德能力，深入研究每个学生的个性特点，与学生进行多方面的沟通交流，为学生正确的价值观形成澄清取向，为学生创造体验情境，针对学生的不同情况选择有效的引导策略和手段，等等。这一切离不开教师长期教育实践的积累，而主题班会则无疑是提升教师育德能力的重要契机。在主题班会的设计和实施过程中，教师必须围绕学校的办学目标或班集体建设的主要任务，或者就班级近期出现的主要问题来确定教育的主题，深入而缜密地思考选择哪些内容，采取怎样的教育方式，如何创设有效载体和体验情境，以求得预期的效果。总之，主题班会的实施，对教师育德能力的提升是多方面的，给教师所带来的启示也必然是深刻的。此外,教师设定的主题班会的预期目标与实际的结果往往会出现不一致的情况,这就需要教师不断反思自己的教育观念和行为,在不断的反思中增强专业自觉。这一切也都是不可或缺的历练。

三、主题班会的功能及其一般特点

主题班会与一般的固定班会和临时班会相比,有着不同的教育功能。主题班会是班级活动的特殊形式,它更多的是针对班级出现的问题、学生心理方面的困惑,以及情感、态度和价值观的培养,设定一个明确的主题。通过主题班会这一载体,启发学生在班会活动中受到教育,树立正确的价值观,塑造健全的人格,促进全面发展,增强班级的凝聚力。

(一) 总体而言,主题班会有以下一些功能

图 1－2　主题班会的功能

1. 引领导向功能

主题班会具有价值观引领导向的功能。针对某一问题,通过价值澄清的方式和对某一主题的深入研究探讨,培养学生的价值判断能力,引导他们做出正确的价值选择。同时,对班级中出现的一些不良倾向和行为,或学生在日常学习和生活中出现的思想问题和困惑,教师在主题班会上通过讨论、分析、辩论等方式,在观念和行为方面予以学生具体的指导和引领,帮助学生健全认知,摆脱困惑。

2. 激励感染功能

激励感染是利用主题班会促进学生个人成长的重要手段。学生在学习和成长过程中难免会遇到各种困难和挫折,如不能及时克服和应对,势必会对自身的发展造成极大影响。因此,主题班会的重要功能就体现为帮助学生树立战胜挫折困难的信心,保持积极乐观的心态,引导学生掌握战胜困难挫折的策略和路径。同时,主题班会是全班学生共同参与的活动,基于未成年的同龄人相近的认知和心理特点,同学之间的情感体验更容易传递,从而形成感染效应,引发情感共鸣,形成良好的主题班会氛围,为学生道德认知的内化起到助推作用。

3. 班级凝聚功能

主题班会作为班级活动的重要形式之一,增强班集体的凝聚力是其重要的任务。主题班会作为培养学生能力、增强学生团结协作意识的重要载体,在分析班集体出现的问题及探讨解决路径的过程中,可以促进学生之间沟通交流,促进彼此默契合作。学生在班会活动中逐步加深了情感,增强了团队合作的意识,进而促进班级凝聚力的不断提升,为形成良好的班风、持续推进班集体建设与发展提供强劲的动力。

4. 自我教育功能

主题班会与其他知识学科的教育方式不同,它不是直接告诉学生"必须要怎么做",而是让学生去体会"为什么要这样做"。主题班会的实效集中体现为学生的自我认知和自我教育能力的不断提高。因而主题班会是以"润物细无声"的方式,通过有效载体的创设和活动内容的精心选择,以一系列活动引导学生在体验、思考中获得感悟,进而在自我认知、自我教育方面得到启迪。从这个意义上说,主题班会的价值就在于潜移默化而又深远持久地对学生进行情感与道德的熏陶,使其在活动体验中产生强烈的情感共鸣,对自我发展有更明确的目标追求,不断增强自我教育的意识,从而为逐步实现自我完善奠定坚实的基础。

(二) 除上述功能外,主题班会还具有以下特点

1. 自主性

主题班会是班主任从学生实际出发,根据学生学习生活中出现的问题实施有针对性的教育。这一特征表明,主题班会一定由班级师生自己解决,其设计和实施过程必然是一个体现自主性的过程。从班会主题的选择到具体的设计以及主题班会的实施,既是教师自主选择的过程,也是学生自主选择的结果。自主性体现了学生是主题班会的主体这一理念,更体现了主题班会的针对性和实效性。没有自主性,主题班会就失去自主教育的价值。

2. 生成性

主题班会的活动过程是引导学生将道德价值观内化的过程,但学生参与班会的活动过程并不是被动接受的过程。生成性学习的理论表明,学习的生成过程是学习者原有的认知结构与新的知识相互作用、主动选择和建构的过程。由此可知,学生参与主题班会的过程,就是头脑中原有的观念与教师精心设计的班会内容相互作用、主动选择、主动建构的过程,即从原有的认知和观念出发,逐步

对主题班会的主题和内容由认识到认同,再由认同到内化,并将其转化为内心准则的过程,进而指导自己的行为实践。主题班会的生成性特点,强调班主任必须充分关注学生的主体作用,重视基于学生已有的观念与班会主题和活动内容相互作用,引导学生形成新的认知和观念,实现主题班会的目标。

3. 多样性

主题班会的组织形式多种多样,如演讲比赛、视频观赏、小组讨论、人物模仿等。需要强调的是,多样性并不意味着只是表面形式的变化,而是指班会设计中应当考虑主题班会活动内容和形式的丰富多样。强调多样性,一是基于主题班会的特定功能,主题班会的内容较多地涉及思想教育、道德规范、自我教育、集体建设等方面,而这些内容如果只是单纯地说理教育,学生被动接受,则效果极其有限;二是基于青少年教育的特点,中学生由于年龄、心理和社会阅历等多方面原因,形式单一的说教既难以使他们理解其中的原理,也难以触动其内心。基于以上两点,主题班会应充分体现内容形式的多样性,以活动方式多样、贴近学生生活、学生喜闻乐见且易于感知的内容和形式,引导学生积极参与班会活动,在体验、思考、感悟的过程中理解与接受班会的主题和内容。从这个意义上说,多样性是主题班会的重要特点之一。

四、主题班会教育对象的特点

学生是主题班会的教育对象。清晰而深刻地认识主题班会的教育对象,是提高主题班会有效性的首要前提,也是启悟中学生心智,引领道德实践的重要条件。我们应当看到,生活在价值多元,信息化、互联网技术高度发达,物质条件相对优越的现代社会中,当代中学生身上已经打上了深深的时代烙印。如果从文化层面略加考察的话,可以发现他们大致呈现以下特点:

图 1 - 3　主题班会教育对象的特点

（一）以自我为中心的个体意识

随着社会主义市场经济的发展,社会分工的精细以及信息化、互联网技术的普遍应用,现代社会的开放包容及其对个体价值实现的充分肯定,人们的思想观念和生活方式发生了较之以往任何一个时期都无法比拟的变化。当今的中学生与他们的父辈相比,已经生活在全然不同的社会环境中,这是其形成以自我为中心的个体意识的重要原因。此外,市场经济的发展和互联网、信息化时代更多地强调个人的创新和进取,也对中学生产生了不同程度的影响。再者,当今绝大多数中学生是独生子女一代,长辈的百般呵护、物质生活的富足和受到特殊关爱的家庭地位,也深化了中学生以自我为中心的强烈个体意识。

（二）认知方式的碎片化

信息化、互联网技术的高速发展,使我们需要面对层出不穷的新名词、新理念。信息传播的载体和方式发生了根本性的变化。对于成年人来说,这一切或许是由于社会的发展变化而带来的技术辅助和闲暇生活的补充。伴随着这一时代发展而成长的中学生,使用电脑、手机这类信息媒体也已成为他们的重要生活方式。他们对世界和人类社会的认知体验在绝大多数情况下是借由信息媒体完成的,这导致以新媒体为主导的阅读方式,与传统的纯粹的文字阅读方式已有了巨大差别。信息媒体集图画、影像、音响、文字于一体,一目了然,使得人们对于外来信息的接受处于直观感性的状态,以往那种文字阅读所需要的想象、联想、思考、推理已逐渐不再为人所需要。如当下各种绘本的盛行,在一定程度上也反映了这一变化,即信息化时代,人们对事物的接受方式越来越偏向于感性直观。

这种传播信息方式的变化,必然会影响人们的认知方式。特别是中学生,一旦习惯于接受平板电脑、智能手机、微信等媒体视觉化、碎片化的叙事方式,就很可能丧失对文字阅读的兴趣,从而使得阅读能力不同程度地弱化。此外,被迫接受铺天盖地、眼花缭乱且彼此之间毫无关系的零碎信息,缺乏深度思考,势必造成当今中学生认知方式的碎片化。他们倾向于选择浅层次、表面化的阅读,以及短小的、以直观感性的方式呈现的信息和叙事作品,而相对缺少对事物进行整体的、富有逻辑的思考和理性认知。

（三）交织在传统与现代中的迷惘和孤独

如前所述,先辈们生活的时代与当今已不可同日而语。正因此,原有的相对稳定的代际传承被打破,同时出现了传统价值与当代多元价值的冲突,这种冲突归根结底是不同时代语境下不同文化之间的冲突。中学生由于其年龄和阅历等方面的原因,缺乏对传统价值与现代意义作多方面分析的能力,较易偏激;也由于其心智尚未完全成熟,自我意识不稳定,故容易产生肯定自我与否定自我的心理波动。

上述种种,均容易导致中学生在现实社会中的迷惘和孤独,也使得他们在道德认知和道德实践方面无所适从。一方面,他们认同传统主流文化,如对中华传统美德的尊崇,不断试图确立自己的奋斗目标,并为自己的未来而奋发努力;另一方面,当下正处于以多元文化和多元价值取向为特点的社会转型期,主流价值的主导性、权威性遭遇了前所未有的挑战,中学生在价值观和行为规范方面常常陷入矛盾与困惑。他们觉得家长、老师都不了解自己,因而倍感孤独。他们一方面在努力使自己成为一个有理想追求的人,另一方面又想竭力表现出自己的与众不同,张扬自己的个性,因而在社会主导文化和时尚文化之间游走。与此同时,他们承载着父辈对他们莫大的期望,繁重的课业负担,激烈的竞争环境无疑是理想实现和刻苦奋斗这一主流价值给他们带来的严峻考验。在困难和挫折面前,他们中的一部分人可能会怀疑自我,为了摆脱内心的孤独,于是"自我张扬"、展现"真正的自己"就成了他们寻找归属感的重要出口。由此可见,当代中学生在传统与现代交织转型的社会背景下,呈现出了迷惘和孤独的鲜明特征。

（四）丰富多彩的情感世界

这一特点的呈现基于以下几个方面:一是年龄特点,中学生处于青春期向成人过渡的阶段,这一年龄段的特点之一就是对世界和人生充满无限的向往和美好的憧憬,较之于有社会阅历的成人,中学生的激情和理想弥足珍贵;二是社会经济和科技高速发展,感官化的大众时尚文化的流行,新的传媒技术向社会多方面的渗透,这些在改变人们生活方式的同时,也呈现出前所未有的丰富多样的文化形态,而文化形态的丰富性,也必然会影响当代中学生的情感世界;三是现代社会生活的快节奏和对风险预期的不确定性,也使得当代中学生在向往轻松愉快、自由自在的生活之余,也不同程度地感受到现实的沉重和学业的压力。中学生的情感世界中既有追求个性张扬之后的落寞心境,也有着对社会和外部环境问题的关注,以及希冀从大众文化中获得心灵慰藉的渴望。凡此种种,构成了当代中学生丰富多彩的情感世界。

上述特点为我们正确认识理解当代中学生提供了重要路径。这些特点启示我们,中学的主题班会要不断提高实效性,首先要从多方面对学生进行深入的分析研究,然后采取行之有效的教育策略和手段。唯有这样,教师的育德能力才能不断提高,主题班会才能真正发挥育人的作用。

五、主题班会的实施

主题班会要达到教育效果,关键在于先进的教育理念、科学的设计、相关素材的选择和教师的实践智慧。一般来说,主题班会的实施应包含以下步骤:

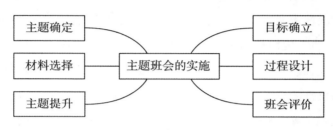

图 1-4　主题班会的实施

(一) 主题确定

主题班会,顾名思义即一个有明确主题的班会,主题班会的内容覆盖面广泛,涉及学校教育和学生发展的方方面面,主题的鲜明性是主题班会的首要原则。主题的选择首先要有明确的目的,即通过这个主题要达到怎样的教育目标。其次,要有针对性,或针对班级存在的问题,或针对学生存在的模糊认识,或针对学生的精神状态、心理品格,等等。突出针对性,才能使主题班会贴近学生实际,从而使其积极参与其中。再次,要有时代性,这是促进学生认知、引发学生共鸣的重要前提。要联系经济社会发展的实际,尤其在高科技、信息化的当下,必须充分考虑时代特征,这是吸引学生深度参与主题班会讨论交流的重要条件。从某种意义上来说,主题的确立也是教师教育境界和知识结构的体现。教师对德育的本质有深切的理解和体验,对班级学生有深入的了解和研究,有较丰富的知识储备,就能够确立目标明确的班会主题。

(二) 目标确立

任何有组织的教育都必须有教育目标,主题班会的教育目标是指班主任希望通过主题班会使学生发生变化,包括认知、情感、思维和行动的变化。主题班会的目标是教师通过主题班会的活动要达到的预期效果,是选择班会内容和方法的依据,也是评判班会实效性的重要标准。因此,教师在制订主题班会目标时,需要从以下几方面思考:第一,建立整体思维,从班会选题、班会背景、班会内容、班会形式等方面进行全盘考量,充分考虑这些要素之间的关系,使其保持一致性,促使教育目标的有效达成;第二,要符合学生的实际,教师只有在研究和把握学生身心发展的实际水平、内在需要和可能性的基础上,才能明确学生进一步发展的潜力和方向,使教育目标定位处于学生的最近发展区内,真正促进学生由潜在发展水平向现实水平过渡;第三,目标确立须清晰具体,主题班会作为具体的教育课程,其教育目标一定要具体、可实现,这样教师才能更好地把握和设计主题班会,保证教育实效。此外,教育目标的阐述需要条理清晰、表述明确,无论是认知、情感、技能、行为的哪个方面,都需要分别阐明,尽量避免交叉重复,把握教育重点。

（三）材料选择

材料的选择对主题班会而言不可或缺,充实、适切的材料可避免主题班会流于空泛说教,没有实效。缺乏材料,主题班会也就失去了抓手,没有了支撑。酝酿班会主题、策划班会的过程中,要充分思考素材的搜集和整理加工。主题班会的材料既包括来自班集体中发生的事件、校园中的事件、社会新闻报道的事件、小说或杂志中的题材故事,也包括一些相关的理论阐述、论断和评价等。需要强调的是,材料的选择至关重要,即使是真实的事件,有时也不能完全照搬,必须从班会确定的主题这个特定的角度对素材作相应的调整,以使材料与主题切合。当然,材料选择不仅反映了教师对主题的分析与开掘能力,也涉及教师的知识结构和知识储备。要使主题班会达到预期的效果,教师在深入了解研究学生之外,还必须不断加强学习。除了本体知识之外,还须广泛涉猎各方面知识,尤其是体现时代特征的条件性知识,如信息技术、互联网、大数据等。对于这些知识,教师不仅要有比较清晰的理解,而且应具备基本的操作能力。此外,教师还须更多地关注经济社会的发展。这样,主题班会才能够搜集广泛丰富的材料,并通过对材料的分析思考,使主题班会对学生的思想认识提升、道德能力培养和社会核心价值认同产生深远的影响。

（四）过程设计

主题班会的过程设计是教师对班会主题进行具体深入的缜密分析和开掘提升的能力、创造能力以及教育智慧的集中反映。主题班会要达到预期效果，一般可从以下几个角度去思考过程设计：

一是创设情境，这也是科学的德育理念的体现。道德教育不应当是单向灌输与说教，而应当创设相应的情境，让学生在深入体验、多向互动、互相观照之中激发道德动机、唤起情感共鸣、实现道德移情，进而提高认识、改变行为，将教育的要求内化为自觉的行为。由此，班会的导入方式、问题讨论的环节乃至认识误区的澄清等方面，都是情境创设的重要切入点。

二是活动设计，活动是主题班会中不可或缺的因素。活动的设计首先要有明确的目的，切不可为活动而活动，或者只是为了表面的形式上的热闹而设计活动。活动的安排要注重激发学生投入班会的积极性，增加体验尝试。引导学生通过活动加深对教育主题的理解，获得直接感受，提升自我认识。需要强调的是，活动的形式应当是多样、生动、与学生年龄和心理特征相符的，同时也应当是学生喜闻乐见的，这样才能把主题班会的内容和形式有机统一起来，也才可能收到理想的教育效果。

三是落实学生分工。主题班会不是教师对学生的单向说教，而应是师生双方在充分的交流互动中达成共识，进而付诸行动。主题班会的策划、组织和实施是学生锻炼能力、认识自我的重要契机。因此，教师在设计主题班会的过程中，必须充分认识到，学生不仅是接受主题教育的对象，同时也应当是主题班会的组织者和参与者，甚至还是活动过程的创意者。在班会的一些重要环节和活动的设计上，要充分发动学生一起参与思考，这样不仅可以让主题班会的内容形式更加贴近学生的思想和学习生活的实际，也能为学生组织能力、集体意识、奉献精神等方面的培养锻炼创造条件。事实上，学生的许多创意和设想往往可以超越教师的思考，从而也能促发教师更深入地理解和认识学生。

四是充分考虑问题应对。理想的主题班会应当触动学生的心弦，通过具体事例的探讨或者情境体验，澄清学生对某些问题的模糊认识，且应当是通过认知冲突甚至激烈的讨论争辩所获得的深刻认识，而不是教育对象缺乏深入思考的被动接受。因此，过程设计要充分考虑学生年龄、阅历等主客观方面的因素，对于可能会出现认识不一致、观点片面乃至出现一些相反的观点等情况,要有比较充分的灵活应对的方案,要从内容、活动和交流等方面进行优化设计,同时要有引导的策略安排。这样才能让学生从思辨、探究、判断和选择中获益,再去努力实践。

（五）主题提升

主题班会不论采取什么样的主题或与之相应的活动形式,都需要一个凸显主题的环节,也就是对班会主题的开掘和提升。这一环节一般放在学生充分的活动和讨论之后,多安排在主题班会的结尾部分。其价值和目的在于,让学生经过比较深入的思考和沟通交流之后,获得关于班会主题的更清晰、更深入的认识,这也是主题班会的实施者发挥主导作用的重要标志。一般而言,实施者为了激发学生兴趣、深化学生体验和实现价值引领,都会设计比较多样的活动,在主题班会的形式上也作出较多的思考和设计,这当然是必要的,但也可能会带来一些干扰。比如,有时因为活动过多,淹没了主题或者偏离了主题;有时因为过多地追求形式上的热闹,忽视了对主题意义的深入思辨和开掘。因此,需要通过对班会主题的提升重申主题内涵,凸显班会主题的教育意义。

主题提升一般可从以下几方面考虑:一是对主题班会的总结,要力求画龙点睛,即要让学生从班会主题中得到新的启发、新的感悟;二是要对学生在交流讨论中出现的分歧,从主客观两方面作原因分析和归纳,使学生在认识上有所提高,逐步形成科学的思想方法;三是要有成果巩固的定向引导,针对主题班会过程中学生被激发出来的发现问题、解决问题及人格完善的意愿和热情,不失时机地对其提出身体力行的要求,要有任务驱动的设计,鼓励学生制订目标,拿出措施,付诸行动,这样对学生的发展促进就远远超出了一节主题班会的效应;四是主题班会结束后,要注意结果的反馈,要听取学生或其他教师的意见和建议,对反馈的意见要进行深入分析和反思,既要总结经验,也要吸取教训。当然,不能企盼毕其功于一役。一节主题班会不可能解决学生所有的思想问题,主题班会是一种持续开展的教育活动方式,其质量需要在教师的不断反思中逐步提升。

（六）班会评价

主题班会评价是对主题班会的价值作出判断,不仅需要描述主题班会的实施结果,还需要考察主题班会具体实施的过程,发现其中的亮点,诊断其中的问题,并提出改进建议。评价的意义在于提供导向和标准,其根本目的是促进主题班会不断改进,不断增强实效性。

在实施主题班会评价时需要考虑以下几点:第一,注重班会目标的达成。目标既是主题班会活动的指向和出发点,也是主题班会评价的依据。主题班会的内容选择、活动安排、过程设计、形式选用等多个方面都是由目标所决定的,都是为目标达成服务的。因而把主题班会的目标实现与否作为评价观测的重要依据,就可以对主题班会的整个活动过程进行比较清晰的考察,进而发现主题班会的亮点、特点与不足,最终为主题班会质量的改进与提升提供导向和路径。第二,注重评价的多元与多维。其中包括评价主体的多元,即参与班会活动的教师和学生、受邀观摩的其他任课教师和家长都可以作为评价者;注重评价角度的多维,既要对班会的基本环节和过程进行评价,也要对教师和学生在实施过程中的表现等进行评价。第三,注重评价方法的多样。通过多种评价方法的运用,如定性分析、量表或问卷以及多角度课堂观察记录等,总结主题班会的特色,提出改进策略。

总而言之,主题班会作为基础教育阶段学校培养学生核心素养的一种重要形式,它涉及学生发展和素质提升的方方面面,需要在大量的教育实践中不断优化和提升。

专题 02 主题班会的主题确定

主题班会的主题即主题班会活动中所要表现的中心思想和主要内容。主题是班会活动的核心和灵魂，没有主题，就无法精准地表现一节主题班会的中心思想，也就不能体现主题班会的教育实效。

主题班会的主题即主题班会活动中所要表现的中心思想和主要内容。主题是班会活动的核心和灵魂,没有主题,就无法精准地表现主题班会的中心思想,也就不能体现主题班会的教育实效。

一、主题班会主题确定的意义

一是强化针对性,聚焦话题。任何一节班会课,其目的都是让学生受到教育或熏陶。然而一节班会课的时间毕竟有限,这就要求班会必须针对班集体中亟待解决的某个问题,或者是学生成长发展中需要关注的某个话题。只有充分聚焦问题或话题,班会的活动过程才能逐层深入,最终达到既定的目标。班会主题的确定能够使班会的针对性得到强化,为班会内容聚焦相关的活动设计提供前提条件。

二是彰显主导性,促进发展。主题班会作为引导学生自我认识和人格塑造的重要载体,促进学生发展是其重要的功能,班会的主题确定即充分彰显这种教育的主导性,如引导学生树立正确的价值观,增强其自主发展的意识和毅力,通过主题的确立彰显其主导性,促进学生发展等。

三是着眼启发性,激发思考。主题班会不仅需要提出问题或传播正确的价值观念,更重要的是引导学生在活动过程中有发现,有思考,能够对问题进行深入分析,能够探讨解决问题的途径,能够明辨是非,从中获得教益。而这些效果的取得,首先有赖于班会主题的确定,确定主题也就意味着确定了激发思考、启迪智慧的着眼点。

二、主题班会主题确定的常见问题及误区

主题的确立并非易事,实践表明,在班集体建设和学生思想品德、行为规范、学习态度、学习方法等方面常常会出现不少问题。班主任在试图解决这些问题时,往往会采用组织主题班会活动的方式。然而由于主客观的诸方面原因,在班会主题的确立方面,常常会出现以下问题:

(一) 主题缺乏针对性

班主任召开主题班会的背景分析中通常会有一条,即有"问题"要解决。如果问题不明确,或者核心问题过多,就会导致班会的讨论不聚焦,学生讨论范围

过大过杂，效果不佳，最终教育目的也不明显。

班主任之所以召开主题班会，很大程度上是因为班级群体中产生了一些不良现象。如某校初二年级的教师发现班级部分学生近来经常出现作业拖拉、上学迟到的现象，有些学生甚至还以个人要参加提优补差等为借口推脱班级值日工作，这种只考虑自身而不顾集体利益的自私风气一再蔓延，已经成为班里的"家常便饭"。为此，班主任决定召开一次班会，与学生讨论并提出解决这个问题的建议。在确定主题的过程中，教师从以下几方面作了思考：第一，围绕行为问题确定主题，需要关注的是如何帮助学生树立正确的学习生活行为观；第二，围绕责任问题确定主题，如学生以自我为中心，不能正确处理个人责任和集体责任的关系，班会需要聚焦责任感这一主题展开；第三，围绕增强班级凝聚力问题确定主题，针对学生只关注自己而忽略集体荣誉的现象，需要了解现象背后的原因是否与班集体涣散有关。

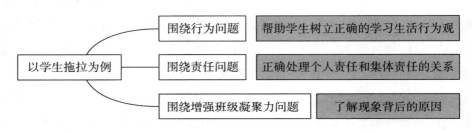

图 2 - 1 以"生活学习管理"为主题确定内容

上述所确立的几个主题看似都是在揭露班级近来出现的学生放松自我要求、对集体漠不关心的现象，这当然是值得去探讨的。但这三方面的主题思考应当归结到最核心的问题，即产生这些现象背后最主要的原因是什么，这才是确立本次班会主题的根本所在。如果将三个主题一股脑放在一节班会课上去讨论，就会使得班会主题和内容变得庞杂，缺乏针对性，而且任何一个方面的讨论都无法深入。因此，主题确立的过程也是一个透过现象看本质的过程。如上述例子中，教师最初拟的主题是"谁是最美的人"，然而这一主题指向缺乏针对性，未能聚焦问题，何谓"最美"？显然可以从不同视角去思考诠释。经过思考和讨论，教师最终把主题改为"谁是最美的人——从责任谈起"。这样主题的指向就明确了，所要探讨的问题也具体了，从而为班会活动的设计和推进提供了保证。

（二）主题泛化

在主题班会的活动过程中，我们往往会发现问题讨论和交流没有深度，流于表面，或是形式大于内容。这中间的原因是多方面的，如主题切口太大导致主题泛化，主题班会的效果必然大打折扣。

以"生命教育"这个主题为例，只是泛泛强调"珍惜生命"这四个字是不够的，而应根据不同年龄的学生特点聚焦不同的侧重点。如初二年级可聚焦抗挫能力的培养，引导学生理解珍惜生命的意义。初二学生正处于步入青春期的阶段，心理上独立意识增强，不太愿意接受家长和教师的建议和指导，容易产生逆反；同时由于社会阅历的缺乏，极易产生自我认知的不稳定，因而面对挫折容易变得消极，遇到压力感到难以承受，甚至会出现一些极端行为。通过聚焦培养抗挫折能力这一主题的思考讨论，能够引导学生正确面对挫折，寻找合理释放压力的方式，从而促进学生认识人生，体会生命的价值。

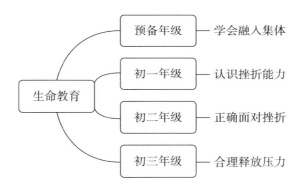

图2-2　以"生命教育"为例谈主题的精准设定

总之，要避免主题泛化，就必须对主题的精准设定展开深入思考和分析，不断进行提炼和概括，从而凸显主题的聚焦点，这样的班会才能产生实效。

（三）主题脱离学生实际

主题班会探讨解决的是学生在成长过程中遇到的问题，不同年龄阶段的学生身心特点、思维发展水平、社会阅历、道德价值判断成熟度等都存在着差异，这就决定了班会主题的确定必须充分考虑学生的年龄特点和认知能力。如关于培养学生人际交往能力的话题，对于预备年级的学生，要从新生入学这个环节入手，抓住从小学升入初中的学段变化，引导学生学会与新朋友相处；而同样的话题，对于初二年级的学生，确立主题时就要充分考虑学生开始步入青春期的特点，聚焦学生如何正确把握青春期的交往；对于初三年级的学生，则应重在引导学生正确看待和处理学业压力下的同伴关系；等等。

综上，有关青少年成长中的相同话题，在针对不同年龄的学生开展班会活动时，主题的确定是有很大差异的。只有契合学生的年龄特点和认知能力，才能为主题班会的目标达成创造必要条件。

三、主题班会主题确定的原则

主题确定是实施班会的前提条件。在酝酿和提炼主题的过程中，应当坚持问题导向、架构系列以及与教育方针同步的原则。

（一）问题导向的原则

坚持问题导向的原则，要求班主任在确定主题的同时，充分关注和敏锐发现学生成长中的问题，并以解决问题作为主题班会的导向。这其中不仅包括班集体建设的问题，培养学生良好学习习惯和生活习惯的问题，学生同伴交往的问题，学生品格发展和心理发展的问题，情绪管理的问题，不良行为的问题等，还包括一些特定阶段所产生的学生问题，如中高考心态调整的问题，青春期教育的问题等。总体来说，问题导向要求班主任着眼于学生发展过程中产生的倾向性、普遍性的问题，通过发现、分析问题以及引导学生自我教育，进而解决问题，促进学生提升素质。当然，问题导向不等于事无巨细均拿来作为班会主题，其核心在于通过问题的解决促进学生发展和班集体建设。

比如，主题为"培养好习惯"的班会，其目的就是引导学生发现自己身上存在的不良习惯，包括学习和生活两个方面。通过分析不良习惯对学习生活带来的不良影响，引导学生思考，并提供改掉不良习惯、培养好习惯的路径和方法。又如，针对部分学生不能正确对待青春期异性交往的问题，以"你会和男（女）生交往吗"为主题，通过多种形式的班会活动，引导学生以体验感悟、自我审视的方式分析与思考自身在与男女同学交往方面存在的问题，从而学会正确处理青春期异性交往的问题。

（二）架构系列的原则

学生的成长发展是一个前后衔接的过程，前一阶段的发展为后一阶段发展奠定基础。因此，不能孤立地看待学生在不同发展阶段所面临的不同问题。同时还必须清醒地认识到,学生成长过程中遇到的问题也不是一次主题班会就能解决的,需要持久地、有针对性地从不同侧面开展主题教育活动。这就要求立足学生成长发展的规律,架构促进学生发展的班会主题系列,使每一次主题班会的教育活动都能为学生下一阶段的发展铺垫,形成促进学生发展的主题教育链。

例如,根据初中不同年级学生的年龄特点和能力发展的要求,分别确立如下主题系列:

预备年级的学生由小学升入中学不久,可从生活安排、伙伴交往能力和学习适应方面入手,如"我的新班级""我的新伙伴""学会学习""学会管理时间"等。

初一年级则可从学生之间如何增进友谊、学会掌握学习方法等角度编制主题系列,如"谁是知心人""起绰号的故事""学习攻略"等。

初二年级是学生步入青春期的敏感时期,这一阶段学生在心理上易产生波动,与家长和同学沟通时,容易出现困难或矛盾。针对这些状况,可以编制如"青春期异性交往的正确方法""我的父亲母亲""瘦身男女"等主题系列。

初三年级作为毕业年级,学习压力增大不言而喻,如何应对压力、缓解压力并非每位学生都能熟知。此外,学生对生涯规划的思考在这一阶段也开始萌发。因此,这一学段的班会可以设计如"我的初三,我的路""我为我掌舵""压力与成功"等主题系列。

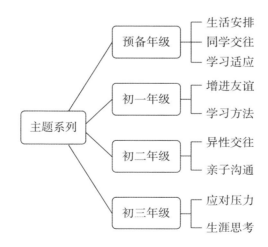

图 2-3　不同年级主题系列列表

班会主题有了系列思考和架构,就可以避免主题教育的随意性和碎片化。而主题教育形成有机系列,就能够和学生发展的连续性相一致,从而全面持久地促进学生素质的发展和人格完善。

（三）体现教育方针的原则

班会主题必须体现党的教育方针和国家教育改革的精神，这是根本原则。遵循这一原则，就必须从以下几方面考虑：一是德智体美劳五育并举，促进学生全面发展的要求，班会主题应当在这些方面重点聚焦；二是核心素养的培养，作为课改的重要目标，主题班会应当充分发挥对学生核心素养培养的指导功能，必须遵循核心素养培养的原则和要求；三是须体现时代特点，党的教育方针和国家教育政策都是时代发展的产物，必须充分考虑当今中学生的特点，深入思考在时代背景下如何促进学生的成长发展。只有紧跟时代发展的步伐，主题教育才能葆有旺盛的生命力。

当然，将党的教育方针和国家教育政策融入主题教育，并不意味着空洞说教和单向灌输，而是要结合时代特点，凝练出切合学生实际的主题，为主题班会不断增强育人效果奠定思想基础。

四、案例分析

初二年级主题班会

（一）主题班会案例

主题：谁是最"美"的人——从责任谈起。

教育背景：

中华民族历来是一个有责任感的民族，责任教育在历史上始终占据一席之地。《国家中长期教育改革和发展规划纲要（2010—2020 年）》战略主题中也明确提出素质教育需要着力培养和提高学生的责任感，开展责任教育是实施素质教育的基本要求。在社会转型与全球化发展的时代背景下，加强中学生以"责任"为核心的素质教育，更是学校德育的主要内容之一。因此，面对 21 世纪人才培养的标准——学会学习、学会关心、学会合作，责任教育有着重要的时代意义和实践意义。

初二学生正处在身心迅速发展，世界观、人生观和价值观初步形成时期。在对班级学生学习现状的调研中，我们发现：第一，学生们既感受着社会经济发展带来的好处,又面临着各种思想观念的冲击,如个人主义、享乐主义、依赖心理等,对于正确的价值判断还存在不少模糊的认识;第二,他们大多是独生子女,由于家长和亲友的溺爱以及家庭教育对分数的过度关注,导致个人在吃苦耐劳、责任担当等方面的素养相对缺失,不同程度地出现自私自利、任性懒惰、缺乏爱心的行为。

基于以上调研,结合班级目前存在的责任意识缺失现象,本次班会以培养集体责任和自我责任为主题,引导学生从自我做起,从小事做起,主动承担个人责任和集体责任,逐步形成正确的责任观,为将来真正懂得对个人终身发展和社会长远发展负责埋下美好的种子。

教育目标:

1. 理解个人责任和集体责任的内涵,探讨责任培养中存在的问题及解决方法,引导学生不断增强对自己负责、对集体负责的意识。

2. 通过女兵背后的故事和行动力作业的练习,理解个人责任对集体责任的重要意义,引发对个人未来终身发展负责的深度思考,逐步树立正确的责任观。

实施过程:

1. 导入与铺垫

欣赏视频《徒步方阵的集锦》。

设计意图:通过用关键词评价视频中人物的方式,简明扼要地引出本节班会的主题——谁是最"美"的人。

学生用一个词来形容视频中的战士。

选取国庆大阅兵中的精彩片段,以1分钟左右的集锦视频呈现,凸显徒步方阵中的一些人物特写和动作特写。学生选用形容词进行评价,比如"帅""美""大气"等,在学生评价的基础上,引出关键主题词——最"美"的人,进而引出本节班会的主题,谁是最"美"的人。

2. 展开与深化

活动一:说说你身边"美"的故事。

设计意图:引导学生通过观察和夸赞身边的同学,深入理解"美"的含义,并提炼出表现"美"的关键词。

教师展示班集体照片,师生一起回忆班级中的美好瞬间,然后请学生分享班级中"美丽"的故事并提炼表达"美"的关键词。

在活动的过程中,有的学生交流了自己撰写的微博故事"我身边美丽的人",有的学生出示了自己拍摄的照片,他们分别概括出自己所理解的"美"。比如,为班级拔河比赛尽心尽力的 A 同学,学生就把这种"美"提炼成"为集体作贡献";看着照片上为同学搬东西的 B 同学,有的学生就把这种"美"理解为"助人为乐";等等。通过故事分享、照片展示、关键词的提炼,学生对美的特质有了一定的认识和理解。

活动二:不"美"的声音。

设计意图:通过分析个人和班级"不美"现象背后的原因,由浅入深地引出个人责任和集体责任的内涵,引导学生自我发现和自我反思。

学生在小组讨论中分析了自身存在不"美"现象的原因,其根源在于自己缺乏刻苦精神,只顾个人得失;也有的同学对自己总是推卸责任、问责他人的现象作了深入分析,认为这其实就是只看到个人利益,而漠视他人和集体的不良心态所致。在学生讨论分析之后,教师进一步归纳和总结导致不"美"现象产生的三方面原因:第一,缺乏个人责任感;第二,缺乏集体责任感;第三,推卸责任,问责他人。教师的归纳呼应了学生的讨论交流,也为下一个活动"反思拼图"作了铺垫。

活动三:反思拼图。

设计意图:学生通过反思自己责任缺失的某些表现,进一步体验感悟,增强责任意识的重要意义。

在反思拼图的活动中,要求每个学生写出一件缺乏个人责任感的事,分析其背后的原因,提出改进策略。根据活动要求,有的同学分析了轮到自己值日却不尽责的情况,认为是自己只考虑个人得失,漠视集体的不良心态所致,提出的改进策略是尝试调整和改变不良心态,寻找同伴互相督促,切实增强值日工作的责任感;也有的同学反思了自己写作业拖延,交作业不及时的现象,原因是自己做事随意,缺乏责任感,又没有养成良好的学习习惯,提出的改进策略是实施 21 天打卡计划,以 21 天为周期,坚持每天及时完成和上交作业,逐步养成良好的学习习惯,不断增强个人在学习方面的责任感。

3. 总结和提升

设计意图:帮助学生理清自我责任感和集体责任感的关系,引导学生深入理解只有对自己负责才能对他人负责、对集体负责、对社会负责的道理。

（1）关于"美"的理解

今天的主题班会围绕责任感的培养来理解"美"的含义，同学的讨论和交流一致认为，为个人发展、他人利益和集体利益勇于担当的行为就是责任感的体现，这种行为也就是"美"的表现。这种"美"的发现和认识，意味着我们对责任感培养的重要价值有了清醒而深刻的认识。这给我们以重要启示，"美"并不是抽象的，无论在什么领域谈论"美"，都可以赋予它具体而丰富的内涵。

（2）关于阅兵视频的启示

阅兵视频中整齐划一的方阵、铿锵有力的步伐阐明一个基本的道理，集体的强大来自每个个体的努力，只有每个个体做到最好，集体才能做得更好。责任感的培养不仅是个人发展的需要，更是社会发展和人类文明不断提升的需要。

（3）责任究竟是什么

责任从大处来说是指人们在社会交往中表现出来的有利于社会和他人的行为，它不仅是人际交往中维护良好关系的基础，同时对个体的终身发展具有重要意义。作为中学生，应在学习中培养求知责任感；在勤俭节约的行动中培养艰苦奋斗的责任感；在平时的言行举止和待人接物中培养讲礼貌、讲文明的责任感；在力所能及的家务劳动中培养热爱劳动的责任感；为自己的行为负责，培养主人翁责任意识；多参加一些社会公益活动或义务劳动，在实践中体会奉献的乐趣，形成帮助他人、服务社会的责任感。此外，培养责任感，能够时时、处处"内驱"自我学习、自我锻炼、自我评价、自我调控和自我发展。从这个意义上说，培养责任心也是促进人格完善、全面发展的重要路径。

（4）行动力作业

要求学生制订21天打卡计划（完成自己反思拼图的内容），并做好自我评价以及小组互评。

（二）案例评述

本节班会以"谁是最'美'的人——从责任谈起"为主题，以真实可感的事例贯穿班会活动的全过程，引导学生在思考分析中逐步加深对责任内涵的认识，并深入思考应该如何成为一个有责任感的人，将认识付诸行动。这节主题班会具有以下几个特点：

1. 主题确定凸显问题导向

这节班会主题的确立是基于：第一，这个主题属于亲社会规范范畴。亲社会规范是指人们在社会交往中表现出来的那些有利于社会和他人的行为。其特征表现为高社会称许性、社会互动性、自利性、利他性和互惠性。亲社会规范这个主题很大，即使落到责任这个话题点上依旧比较笼统，而责任感之于初中生，具体而言就是需要做到对自己、对班集体负责，因此，班会主题最终聚焦于对自己和对集体负责任；第二，由于现在的初中学生大都是独生子女，自我意识比较强烈，在集体生活中很难做到为他人着想，对于"责任"这两个字的认识也比较浅薄。因此，班会聚焦责任心培养这个主题，就是要引导学生从观察身边的同学开始，从关心班集体开始，发现身边美好的人和事，进而从小事做起，做一个有责任心的美好的人。本节主题班会从主题的酝酿、提炼到最终确立，从个人责任和集体责任这一相对具体的切入点着手，充分考虑和关注了学生目前存在的实际问题，从问题出发，寻求解决问题的方法。从美的故事到不美的声音，再延伸到反思拼图，以活动促思考。班会全程围绕问题展开，引导学生在活动中体验、思考，最终达成提高认识并付诸实际行动的教育目标。

2. 表现主题的事例真实可感

这节班会的主题内容最大的特点是真实感，着眼于学生身边的人和事，通过真人真事触动学生的内心感悟。第一，真实具体的事例不仅营造了感悟主题的情境，也有助于引发学生在分析理解事例过程中的真切感和共鸣；第二，事例的编排呈现出由远及近、层层递进的格局，即先选择与学生生活有一定距离的"阅兵式"引出"美丽"这一主题词；接着选取学生身边的案例，让他们在教室里寻找美丽的人，探讨美丽的本质；然后，通过"不和谐的声音"这类近在眼前的现象，让学生进一步体会培养和增强责任心的意义。通过逐层递进的事例引导，充分体现了主题的教育价值。

3. 分享环节的真情流淌

真实可感的事例易于引发学生真情实感的释放，尤其是在夸夸身边同学的互动交流环节中，学生都真诚地分享自己的发现和感悟，畅所欲言，也写下了许多表露心声的感人话语。

4. 关键词的精准捕捉

班会所选的事例表面看来有些零散，然而教师通过对每个事例中关键词的捕捉,串起了整节班会课,凸显了这节主题班会的内在逻辑,也让每一个活动环节的设计意图变得更为清晰,突出了班会课的整体感。

(三) 教师的反思

从主题确立的角度来看,主题的设计源于学生的生活,每位学生在照片和语录中都能找到自己的影子,因而有话可说,有情可抒。教师先后从发现问题、分析问题、解决问题的角度,强化学生的责任意识,增强了学生参与班级管理和班集体建设的积极性。学生的发言、分享以及最后有感情地朗读,表明这节班会课的教育目标基本达成。事实上,班会之后班级日常工作较之以前有了很大的改善,每一个学生都意识到了自己的责任,深刻理解了学习也是有责任心的表现。

此外,主题切口小,话题切合学生实际,让学生记忆深刻,也为达成班会目标创造条件。主题班会之后,很多学生都在周记里提到了对于这节班会课的感悟。他们感到自己从中学到了很多,也领悟了很多,并表示在今后的日常学习生活中,一定努力做个有责任心的人,认真完成自己的学习目标。无论是生活还是学习,都尽可能做到问心无愧,有责任、有担当。

(四) 案例的拓展延伸

亲社会规范是人与人之间在交往过程中维护良好关系的重要基础,对个体的终身发展意义重大。关于培养学生的亲社会规范能力,我们还可以作以下尝试:

1. 其他活动设计的分享

教师除以上主题班会中所设计的活动环节之外,还可尝试设计其他活动环节。

例如,通过抢座位的游戏,增强责任分工的意识。游戏规则如下:分成两个队,每队选出一个组长,条件是只有组长胜利这队才算获胜。游戏结束后,请参与者说说自己的感想,如你在游戏中的责任是什么,你完成得怎么样。

这个改良的抢位子游戏,目的是让学生增强集体意识,充分认识到在一个集体中,每个人有自己的责任,只有承担自己的责任才能够使整个集体更强大。抢位子游戏,其胜利的条件是两队中组长必须坚持到最后,这就要求小组成员必须明白自己的责任是更好地保护自己的组长,而不是自己抢到位置。

2. 课外延伸:寻找身边美丽的人

除了主题班会的形式之外,班主任还可以布置一些课外活动,来锻炼和培养学生的责任意识。例如,设计"寻找身边美丽的人"的活动,将学生分为几个小组,让他们走出教室,发现自己身边有责任心的人,以小组书面汇报的形式交流分享。

高二年级主题班会

(一) 主题班会案例

主题:寻找逆境中的光明。

主题确定的缘由:

高中阶段是中学生自我认知的重要时期,也是世界观、人生观和价值观基本形成的关键阶段。在此期间,他们要经历学习科目的选择、研究性学习的体验,为实现高考目标而拼搏,以及高考志愿的填报等人生的重大课题和抉择。学生长期处于应试教育的大环境中,一些高中还不同程度地忽视其生涯规划,因而造成高中生自我认知缺乏、职业意识淡薄、科目选择盲目等问题。我们感到,要解决高中生所面临的这一系列问题,开展生涯指导是一条重要且有效的路径。在高中阶段作生涯规划,一方面能够使高中学生充分认识自我,明确自己的人生方向,提前做准备,根据社会发展需求选择符合自身实际的大学及专业;另一方面能够增强学生学习的主动性、目的性、积极性,提升规划生活的能力,培养适应社会的素养。考虑到内容和主题需要相匹配,主题从刚开始的"逆境中成长——勇敢"调整为"寻找逆境中的光明",意在凸显逆境中成长的过程,帮助学生理解逆境中追求光明的可贵品质,激励其不断奋进。

教育背景:

随着新高考改革的到来,高中学生所面临的压力也与日俱增,如何培养并提升学生的抗逆力成了一个不可回避的话题。抗逆力(Resilience)是指一个人处于困难、挫折、失败等逆境时的心理协调与适应能力。作为优势视角的理论内核,抗逆力可以帮助个人在面对逆境时理性地做出有建设性的、正向的选择。抗逆力是一种个人资源和资产,能够引领个人在恶劣环境中懂得如何处理不利条件,从而产生正面效应。同时,抗逆力的形成也是一个过程,可以通过学习而获得并且不断增强,抗逆力强的人能够以积极的态度面对逆境。

从我校高二年级学生的学习现状来看,一部分学生对理科学习还存在不同程度的畏难情绪,选科时出于多重考虑,最终放弃了理科。因此,这节主题班会是针对高二年级学生所面临的心理压力而设计的一节心理教育课,旨在引导学生关注他人成长中的"逆境",以及战胜逆境的事迹,找到自己学习和生活中的"光明之路"。

教育目标:

1. 利用明星、教师、学长的三个案例,通过生生间的交流分享,使学生逐步认同"挫折是人生的一部分"的观点,进而以积极、健康的心态看待生活中遇到的各种逆境。

2. 通过回顾三个案例中主人公应对逆境的方式,引导学生思考如何采用有效方式,应对未来在学习和生活中可能遇到的困难。

3. 通过行动力练习,培养学生将所学运用于实践的意识,将课堂内学到的方法、技巧应用于实践探索。

实施过程:

1. 导入与铺垫

以邀请学生两次通过两道障碍物的活动作为班会导引。第一次在正常情况下跨越,学生完成得很轻松;第二次蒙上双眼,这时两道障碍物已搬离,但因为蒙上双眼,看不见眼前的情况,所以学生不敢跨越。游戏结束后,通过分析两次跨越障碍的感受,引发学生思考敢不敢跨越和怎么跨越的问题。进而引出班会的主题:寻找逆境中的光明。

2. 展开与深化

设计意图:以勇敢的精神(敢不敢去跨越)、明智的选择(用什么方式来跨越)、坚韧的毅力(如何坚持到最后)这三部分内容作为主题班会的主体,引导学生深入理解培养这三种品质的重要意义。

(1) 品质一:勇敢的精神

呈现霍金的故事:"我是谁?"这是史蒂芬·霍金从剑桥大学学院的方形楼梯上跌下来时发出的一问。以后的几十年间,霍金反复质问自己同样的问题。肌肉萎缩侧索硬化症使他丧失了语言和行动的能力,但是他不仅以一种不可思议的方式活了下来，更以自己艺术的、富有激情的方式，为我们解释着神秘的、茫茫无边的宇宙世界。曾经，一位年轻的女记者面对这位在轮椅里生活了三十余年的科学巨匠，深深景仰之余，又不无悲悯地问："霍金先生，卢伽雷病已将你永远固定在轮椅上，你不认为命运让你失去太多了吗？"这个问题显然有些突兀和尖锐，报告厅内顿时鸦雀无声，一片肃谧。霍金的脸庞却依然充满恬静的微笑，他用还能活动的手指，艰难地叩击键盘，于是，随着合成器发出的标准伦敦音，宽大的投影屏上缓慢然而醒目地显示出如下一段文字：我的手指还能活动，我的大脑还能思维，我有终生追求的理想，有我爱和爱我的亲人和朋友；对了，我还有一颗感恩的心……心灵的震颤之后，掌声雷动。人们纷纷涌向台前，簇拥着这位非凡的科学家，向他表示由衷的敬意。当时，使人们深受感动的，并不是因为他曾经遭受的苦难，而是他直面苦难时的坚守、乐观和勇气。人生如花开花谢、潮涨潮落，有得便有失，有苦也有乐；如果谁总自以为失去的太多，总受到这个意念的折磨，谁才是最不幸的人。史蒂芬·霍金就是探索世界运转规则的斗士。

看完霍金的故事之后，学生对霍金的境遇和对待逆境的态度纷纷表达了自己的真切感受，有的学生说，霍金给我们的启示是人在与逆境抗争的过程中，其实就是在勇敢面对生活中的磨难，战胜自我，拥抱生活。还有的同学说，我们应当学习霍金这种勇于追求的精神，在逆境中绝不屈服，寻求那照亮人生之路的光明。

针对学生的思考讨论，教师进行了归纳，同时引导学生从霍金正视困难与挫折，勇敢地面对自身的逆境的事迹，延伸到如何应对自身学习生活中的各种困难与挫折，如何学会勇敢面对、理性抉择、努力坚持。教师的引导让学生领悟到每个人都会遇到各种挫折，学习和生活中面临困难是很正常的事情，更何况与霍金的遭遇相比，现在所面临的学习压力还谈不上严重的挫折，所以就应更勇敢地去面对它们。

（2）品质二：明智的选择

班主任孙老师自曝从一名法律专业的毕业生转为人民教师的经历。孙老师从小就梦想成为一名教师，却阴差阳错考上了华东政法大学涉外法律专业。这意味着大学毕业后她将成为一名令人美慕的律师，然而孙老师想要成为一名教师的初衷始终没变。大学毕业后，孙老师做出了一个重要决定——放弃从事法律工作,应聘教师岗位。当她把自己的抉择告知父母、老师和密友时,竟无人支持,而且每个人在劝说她时都摆出了非常充分的理由,但在她的一再坚持下,"孙律师"最终华丽变身为"孙老师"。

教师通过袒露自己在择业方面的心路历程,引导学生正确认识自己,针对自己的个性特点,做出适合自己的选择。孙老师在讲述自身经历时,重点突出了自己对于"教师"和"律师"这两种职业抉择的艰难,现身说法:一方面,表达了对学生在选科过程中的困惑和彷徨的理解;另一方面,引导学生深入思考培养自主选择能力的重要性。除了眼前的高考选科,人生还会面临许许多多的选择,要战胜逆境,寻找光明,选择能力就不可或缺。

孙老师的择业经历让学生深受触动,他们结合自己面临的选科难题,表达了对选择的重要性的认识。有的学生说:"高二是我们面临高考选科的关键时刻,原先在语数英三门科目外只需要选择一门加试学科,而现在却要在语数英三门科目基础上,从理化生政史地六门学科中挑选出三门加试学科。面对高考制度的改革,我们选择的对象增多了,对选择能力的要求也就更高了。"还有的学生认为,在选择科目时应当充分考虑这些因素:自己的优势学科是什么? 如何平衡文理科学习? 如何分配各学科的学习时间? 现在的选科如何与未来的择业挂钩? 如何规划自己的未来? 针对学生在交流中所表达的观点,教师应给予充分肯定,然后告诉学生,面临选科的两难困境,需要有清醒的自我认识和正确决断的能力,明智、理性且符合实际的选择才能帮助自己走出困境。

（3）品质三:坚韧的毅力

用广播剧的形式讲述上届学长朱昱通的故事,他是一个"来自星星的孩子",他的母亲在他两岁时发现他与其他正常孩子不一样,从此开始了漫长而艰辛的帮助儿子正常发展的历程。面对自闭症的儿子,这位母亲选择的是坚强。她善于学习,不仅学习儿子要学的知识,还阅读了无数自闭症相关的病例。在母子的共同努力下,朱昱通最终考上了四川医科大学。他们所经历的艰辛常人无法想象,如果没有母亲的坚持,朱昱通很可能不会取得如此优异的成绩。

教师通过图片呈现、旁白叙述的方式,向学生讲述这位了不起的学长的真实故事,旨在引导学生思考坚韧的毅力对于突破逆境的重要意义。学生通过分享心得,对这个"来自星星的孩子"和他的母亲所付出的艰辛、所表现的坚韧的毅力,表达出内心的强烈震撼。由此,学生也就很自然地将自己目前的境遇和学长作比较,他们感到,自己目前在学业上遇到的困难与学长相比,实在是微不足道。"学长凭借坚韧毅力拼搏奋进,而我们却将学业的困境视为畏途,根本原因在于我们缺乏突破困境的坚韧毅力。"通过对比,学生增强了要努力培养和锻炼意志毅力的意识,激发了突破困境的内驱力。

3. 总结与提升

(1) 行动力展示

大声朗读:

Success grows out of struggles to overcome difficulties.

You have to believe in yourself. That's the secret of success.

An aim in life is the only fortune worth finding.

The man who has made up his mind to win will never say "impossible".

You make the failure complete when you stop trying.

(2) 班会结束

全班齐唱《明天,你好》。

(二) 案例评述

随着经济的快速发展,高中学生面临着越来越复杂的社会环境,他们充满了生机和活力,同时也充满了矛盾。出于社会阅历、年龄、心理的种种局限,中学阶段的学生可谓"高危青少年",他们面临着各种挑战与挫折,而他们尚未成熟的心智则使得他们在应对困难和挫折时面临严峻的挑战。

引导和唤醒高中生正确应对周遭环境的考验,具备适应环境的能力,提升抗逆力,减少日常学习生活中不利因素的不良影响,使他们能够有信心和力量去应对日常生活中遇到的困难和问题,这对高中生的成长和发展有着非常重要的意义。正是考虑到时代背景和高中生的基本特点,考虑到提升高中生抗逆力的重要意义,本次班会确立了"寻找逆境中的光明"的主题,同时具有以下特点:

1. 主题内容切合学生实际

从主题确立来看,本案例对高中生的学情进行了比较深入的分析,发现并梳理了高中生选科时出现的种种问题,并针对这些问题的解决选择恰当的案例作为主题班会的主要内容,如霍金与疾病抗争的故事、教师择业时做出的决定、学长逆境中奋进的事迹等。这三个案例与学生的认知水平契合,易引起共鸣。因而,通过这些案例的讨论分析,能自然而然地引导学生从他人经历联系自身,使其有所触动,引发其思考。从班会课的活动过程和学生的感悟来看,主题和内容的选择契合学生当下的认知水平和能力,这为班会目标的达成提供了保证。

2. 主题活动的设计充分体现了以学生为主体的教育理念

整节课的活动设计环环相扣、层层递进,从明星到教师再到学长,每一层次的情境设计都能有效引导学生将自身代入,帮助学生不断加深对遭遇逆境与寻求光明的体验与认识。学生的每一次分享都是积极思考的过程,课堂生成水到渠成,也进一步深化和升华了主题。班会最后将课堂交还给学生,通过学生的自我剖析,用学生来激发学生,用学生来感动学生。不少学生对以往在学习和生活中遇到的困难挫折都进行了比较深刻的反思,认同"人生没有尽善尽美,品质决定未来"的观点,为班级学生今后的学习和生活奠定了重要的心理基础。此外,教师通过布置行动力作业,将"体验式"教学方法贯穿始终,鼓励学生将所学运用到实践中去,将主题班会的效应拓展延伸至课堂之外。

3. 三个"注重"彰显主题的教育功能

在班会活动的过程中,教师的三个"注重"充分体现了对学生从认知到行为的引导与促进。

首先,注重引导学生在逆境中端正心态,正视挫折。教师在案例分析中引导学生辩证地看待逆境,深刻理解逆境不一定就是糟糕的人生际遇。如果我们能够正确应对,逆境可能会成为促进成长的机遇,应对逆境的不同心态和不同方式会直接导致不同的结果。

其次,注重引导学生在逆境中冷静思考,分析原因,寻找正确策略。通过对事件发生的不同原因的分析,引导学生找出解决问题的途径,因事而异,根据实际情况采取不同策略去解决。生活、学业、人际交往等方面出现的逆境,其产生和状况会有各自不同的特点,解决策略也须作出相应调整。

最后,注重疏导学生的不良情绪,引导学生在逆境中调适情绪,采取行动。例如,有些学生面对逆境没有思想准备,不知所措;有些学生则因精神压力过大导致精神失常;还有些学生灰心丧气,一蹶不振,甚至出现过激行为。面对学生可能产生的负面情绪和应激反应,教师在相关话题的探讨中,对学生作了积极的引导与激励。

4. 教师恰到好处的自我暴露

自我暴露即在实际教学中，教师将自己的相关经历和体验告知学生，分享自己的成长经历。选用自我暴露的方式推动班会活动的开展，具有两方面优势：第一，教师适当的自我暴露能拉近师生之间的距离，增进学生对教师的信任感。教师也是有血有肉的个体，在成长过程中也有迷茫和困惑，当教师讲述这些困惑和体验时，实际上是将自己最真实的一面展示给学生，这无疑会拉近师生距离。在班会活动过程中，教师通过讲述自己的经历，引发学生对于抉择的思考，这使学生在获得信息的同时，还能感受到教师的亲切——自己是受到对方信任的，也会感觉到课堂带来的安全感。第二，教师的自我暴露也有益于教师本人的心理健康。教师健康的心理状态应该是积极向上、通透达观的。教师既应当倾听学生的意见和建议，也应能够敞开心扉与学生沟通，向学生表露与传达自己的思想。教师"一吐为快"，既可以减轻内心的压力，也可以让学生监督教师的行为。学生是一个很大的能量库，教师完全可以从与学生的交流与反馈中有所收获，而不是仅仅将自己的知识和能量传递给学生，那样会过度消耗教师的能量。教师自我暴露时，会得到学生的鼓励和支持，这对于提升教师的职业幸福感也很有益处。总而言之，教师的自我暴露能起到一种示范作用，学生在课堂上受到教师的影响，也会主动地自我暴露，分享自己的故事，这样不仅能够增进学生之间的了解，促进学生的自我认知，也能让学生在班会活动中畅所欲言，深入思考，付诸行动，有助于主题班会目标的达成。

（三）案例的拓展延伸

1. 选材的路径可以不断拓宽

关于抗逆力培养和锻炼的话题，在选材上还可以不断拓展思路，只要能够贴近学生生活即可。父母、家人、亲戚、同学的故事或是文学、影视作品等，都可以选作主题班会的素材。在此基础上，还可让学生根据主题确定的要求，自主选择素材，作为主题班会讨论交流的内容。总之，选好素材，主题班会便成功了一半。

2. 开展针对抗逆力提升的团体辅导活动

除了主题班会的形式之外，班主任还可根据具体情况，采用一些其他方式，来锻炼和培养学生抗逆的能力。例如，团体辅导，这是一种在团体情境下进行的心理辅导形式。它以团体为对象,要求所有成员一同参与,由团体带领者(心理老师或班主任)依据相关理论,设计相应主题的团体辅导方案并依序进行。以热身活动—主活动1—主活动2—结束活动的模式,通过体验活动、相关提问、自由分享、自我剖析的形式增进成员间的人际互动。

专题 **03**

主题班会的目标确立

无论是职初班主任还是颇有经验的"老教师"，在开设一节主题班会课之前，"为什么要开这节课"都是他们无法回避的问题。可以说，活动目标既是一堂班会课的出发点，也是其最终归宿。

"凡事预则立,不预则废。"这句话常被用来作为人们的行事准则,提醒人们目标的重要性。无论是职初班主任还是经验丰富的"老教师",在开设一节主题班会课之前,"为什么要开这节课"都是他们无法回避的问题。就这个问题需要考虑以下几方面内容:主题班会希望达成怎样的目标? 组织开展主题班会的方式有哪些? 主题班会的意义和效果如何? 可以说,活动目标既是一堂主题班会课的出发点,也是其最终归宿。倘若班主任只知一节主题班会课的大致方向,而无法明确具体教育目标,那么在活动过程中,就很容易出现主题班会不能达成教育意义,难以给学生以明确的认知目标、行动指引、具体建议,从而导致班会效果与教育初衷产生落差。因此,想要开设一节主题班会课首先应当确立合理的活动目标。

一、主题班会目标确立的意义

(一) 目标确立是维系和架构主题班会结构系统的核心

主题班会是教师对学生展开德育普遍且行之有效的方式之一,也是学生进行自我教育的有效形式。主题班会的目标是指班会活动的实施方向和预期达成的结果。它对班会的内容选择、引导促进学生的策略优化乃至班会效应的拓展延伸都有着重要的导向作用。

主题班会活动的目标确立在主题班会中首先具有指向作用。活动目标能够引导学生在认知、情感、实践能力等方面建构和提升自己;也可以更好地帮助教师明确本堂班会课要执行的是什么任务,要解决的是什么问题,以及为什么要做、何时开始、从哪里入手、如何去做等;还可以激发学生的道德情感,让学生有所体会,有所感触,从而架起认知和行为之间的桥梁。从这个意义上说,主题班会的目标不仅是其活动设计和科学评价的依据,还制约着内容选择、师生活动的设计、情境的创设。班会目标的制订是否准确清晰,直接影响到班会实施过程的设计,制约着班会活动的展开,并最终指向教育任务的完成。根据对班情的整体把握和对学生的深入分析,确定有效的班会目标,对提升主题班会实效性起着至关重要的作用。因此,主题班会活动目标的提出,是维系和架构主题班会结构系统的核心。

(二) 目标确立为德育活动课的定位提供依据

主题班会活动课程是一个动态过程。主题班会虽然是师生在一定的教育情境下展开的活动,没有一个固定的框架,但其核心是不会变化的。即基于核心素养的培养,为学生的全面发展负责,从育人、成人的视角为学生提供多元化、生动化、具体化的德育平台和体验。从宏观上说,德育目标的确立对主题班会活动规划与课程结构的确立与调整等具有指导和协调作用;从微观上说,德育目标对具体教育内容的安排、教育活动形式及教育手段、方法和技术的选择等,有支配、协调、控制、调节的作用。

主题班会的目标是检验德育活动的根本标准,为德育活动课的定位提供依据。当然,德育目标的确立和内容的选择应随着社会核心价值观而变化,需要不断地探索和实践,在实践中不断总结经验和教训,以更好地适应时代需要。因此,目标确立有助于教师从学生实际出发,着眼于学生的道德发展,帮助学生在知、情、意方面不断成长与提升。

(三) 目标确立是主题班会教育成效凸显的导向

主题班会课不是为了简单地传授某一方面的知识或知识体系,它的目标在于促成学生价值观念的确立、态度的改变,以及正确的道德信念和行为方式的形成。由于主题班会更加注重学生情感、态度、价值观的养成,同时情感、态度、价值观等目标因素本身具有复杂性,目标确立就自然成为整个课程中难度最大、挑战性最强的一环。

对于一节主题班会课而言,其目标自始至终贯穿课堂且渗透着极强的教育性。因此,目标确立在以下三个方面对于课程的教育成效起着重要作用:一是指向作用,它引导学生在道德认知、情感、实践能力等方面建构和提升自己;二是标准作用,它让学生明确社会要求的思想观念、道德规范等标准,并以此严格要求自己;三是激励作用,它激发学生以积极、健康、向上的态度和行动面对学习和生活,促进学生主动、全面地发展。

二、主题班会目标确立的常见问题及误区

在确立主题班会目标时,教育目标越清楚,越精准,所达成的效果也可能越好。然而在不少主题班会实践活动中,难免遇到这样的情形:学生对教师组织的活动和谆谆教诲不感兴趣,不为所动,甚至感到厌烦;学生在主题班会中毫无参与的积极性,只一味等待教师宣布下课的那一刻。究其原因,恐怕与一些教师对

主题班会目标的理解存在误区或偏差有关。由于目标确立不清晰，主题班会往往会变成"文艺表演课"或者教师单方面的说教课、自习课等。这样就必然冲淡教育主题，使活动与目标脱节，最终导致主题班会课的教育初衷与实际效果相去甚远。

（一）目标设定脱离具体学情和班情

深入展开学生调研，了解学生在学习生活中的现象和问题，关注学生的学习基础和水平，这是班会目标确立的首要前提。倘若目标设定脱离了具体的班情和学情，往往就会产生贪大、不切实际的问题，也容易走入教师中心的误区。例如：高一年级一节名为《让青春与责任同行》的主题班会课，该主题班会的活动背景是基于当前班级中一些学生身上存在的问题，如对自己、对家庭、对集体的责任意识逐渐淡漠；对家庭没有责任感，一味索取，淡薄孝心；对集体没有责任感，张扬个性，不讲原则；对自己不负责任，得过且过，不思进取；等等。基于此，班主任将本节主题班会课的目标设定为：1.帮助学生认识到责任的重要性，教育学生在成长过程中培养责任意识，不断增强责任感；2.使学生学会对自己负责，对他人负责，对集体负责，对家庭负责，树立正确的人生观、价值观；3.使学生自觉承担并懂得如何承担责任，为今后走向社会、服务社会奠定基础。

教师并未围绕"青春与责任"这一对关键词来确立主题班会的目标，而是在教育目标中引入了更宏大的词，如"人生观""价值观""责任承担"。实际上，这三个名词均有其丰富的内涵，在短短一节课的时间里，希望学生在思想上对这些词产生共鸣实属不易。此外，教师也没有结合学生缺乏责任心的现象进行目标确定，缺少引导学生如何增强责任意识的具体抓手，无法将其落到实处。教师空有一腔热情并不足以让教育产生持久的效力，从而使得这节主题班会课变成一节生硬而空虚的宣传课。可以想见，在这节班会课结束后，对于该班学生而言，"他们的责任到底是什么？我最需要承担的责任是什么？"恐怕仍是不明确的。

（二）目标与班会的主题不匹配

主题班会的主题指向的是班会活动的内容、性质和目的，主题班会的目标则是对主题教育成效的预设，即根据学情、班情，采取有效策略，从而实现主题教育的目的。因此，主题与目标是相互体现的关系。然而在一些主题班会的目标设定方面,主题与教育目标不匹配的问题较为普遍。例如:初三某班即将面临中考,班主任准备开设一节主题为"与梦想准时相约"的班会课。教师从近期对班级学生的观察与交流中发现,有些学生在这临门一脚的时刻,胸无大志,缺乏吃苦耐劳的拼搏精神,有些学生则荒废时间,碌碌无为,学习效率低。针对这种情况,班主任希望通过本节主题班会课,帮助学生树立奋斗目标,充分认识并把握好这一关键时刻的重要意义,珍惜时间,提高学习效率。教师将本节班会课的教育目标设定为:1.通过活动,使学生树立正确的人生观、价值观,培养积极进取、勇于拼搏的精神;2.帮助学生制订学习目标与树立远大理想,鼓干劲,创辉煌。

不难发现,该目标和"与梦想准时相约"的主题关联度不高,没有点出"什么梦想""如何准时""怎样相约"。这样就使得教育目标不仅不能与主题元素形成有机联系,甚至有生搬套路化、口号化的语言之嫌,因而无法收到主题教育的成效。

此外,在具体的主题班会实践活动中,一些教师由于对主题班会的理解存在误区,以致出现重主题而轻目标或者以主题来替代目标的现象。如初一某班教师发现学生动手能力较差,在学习和生活上的依赖思想严重,为了改善这一状况准备开展一次"五自活动",即以"自强、自律、自立、自信、自理"为主题的教学设计。本节课设定的活动目标为:1.让学生提高生活能力,增强自强自立的生存意识,树立健康的人格意识和良好的生存习惯;2.发展学生的劳动能力和积极生活的能力,让学生学会料理自己的日常生活;3.使学生学会解决自己生活中遇到的困难,掌握基本的生活技能。

如前所述,主题指向的是班会的内容、性质和目的,目标是对主题教育目的的预设,两者不能混为一谈。将主题中几个动词"自强、自律、自立、自信、自理"设定为这堂班会课希望达成的目标,这就使得目标设定失去了对班会活动过程的导向意义,进而影响班会目标的达成。

（三）目标宽泛,缺乏聚焦

主题班会作为班集体的基本活动形式,其重要使命在于引导学生自我认知、自我教育。其中,问题导向是主题班会目标设定的重要原则之一,因为学生的认识提升是在不断地提出问题、思考问题、解决问题的过程中得以实现的。问题导向意味着目标设定必须精准,不能贪多求全,否则就不能解决问题。然而在主题班会教育实践活动中,有的教师总是希望目标设定面面俱到,一节班会课解决所有问题。比如,初三某班以"理想,行动,成功"为主题的班会课,其教育目标设定为:1.学生能够认识到初三阶段的重要性,理解教师及家长的期盼,树立远大理想并为之努力奋斗;2.学生能够明白理想的实现离不开艰苦的付出、踏实的学习;3.学生能够明白学习态度决定以后的工作态度,要实现理想首先要端正学习态度;4.感恩父母,感恩老师。

本节班会课的教育目标设定条目过多且缺乏内在层次性,对目标的描述较为烦琐,语言使用不准确。多个目标容易使得目标确立丧失针对性,往往导致无法聚焦要解决的问题,更何况受班会时间所限,目标达成必然受到影响。

又如,高一某班要开展一节以"学会自律"为主题的班会。活动背景是进入高中后,很多学生没有养成良好的行为习惯和学习习惯,没有形成良好的学习风气,自我约束能力差,缺乏责任感,学习动力不足。具体表现为上课睡觉,课外打游戏、上网等情况。为了解决这一突出问题,教师决定组织一次主题班会,并将教育目标设定为:1.通过让全班每个学生都参与本次班会,加强班级的凝聚力;2.通过故事或案例,使学生从思想上认识到自律的重要性;3.学生在行动上自觉遵守有关规定,培养良好的行为习惯。教育重点是开展自律活动,增强自律意识;教育难点是要变自律教育为自律活动。

本节主题班会不仅目标之间缺乏内在的逻辑关联,目标本身的表述也明显过于宽泛,不得要领。如将认知目标设定为"通过让全班每个学生都参与本次班会,加强班级的凝聚力",显然没有聚焦主题。虽然班级的凝聚力确实需要每个个体的自律才能形成,但将认知目标定位为"加强班级凝聚力",这对班会所要解决的问题来说,则宽泛有余,聚焦不足。退一步说,即使增强班级凝聚力是解决问题的路径,如何增强凝聚力,则还需要作进一步探讨,这样才能落到实处。总之,目标宽泛必然导致班会对问题的探讨浮于表面,也必然使得班会内容杂乱无章,无法起到教育作用。

三、主题班会目标确立应坚持的原则

究其本质,主题班会的目标确立是对主题班会实施后所要达到具体效果的预设。目标设定愈清晰,教育的效果就愈好。总体来说,确立目标应坚持以下原则:

（一）导向性原则

目标是主题班会中所有活动的出发点,也是主题班会活动开展的依据。它对主题班会内容的确定、策略的选择、过程的设计等具有重要的指导作用。换言之,即班会内容、活动和策略都要为目标达成服务。因此,在目标确立的过程中,必须充分考虑如何凸显目标的导向性,从而使主题班会能够在目标指导下,达到预期的教育效果。

主题班会作为班级活动的特殊形式,其主要功能大致包括:对学生树立正确的世界观、人生观、价值观的指导;学生行为习惯和学习习惯的规范与培养;促进学生个性特长和身心发展;班集体凝聚力增强和班集体建设等方面。这些功能启示我们,班会内容涉及学生发展的方方面面,但需要强调的是,无论选择什么内容,目标确立的导向原则必须体现在引导与促进学生自我认知、自我管理、自我教育、自我发展的过程中。这是由班会的使命和教育规律所决定的,学生有了追求自我发展的强劲动力,就为主题班会的目标达成和实效性不断增强奠定坚实的基础。

（二）主体性原则

学生既是主题班会的教育对象,也是主题班会的参与者。由此可见,主题班会活动最终是为了学生的成长与发展。基于这样的认识,主题班会的目标确立必须彰显主体性原则,即充分体现学生在班会中的主体地位。具体而言,一是目标确立必须从学生实际出发,与学生的年龄和心理发展特点、兴趣爱好、认知水平、班级情况等相适应,目标不能过高、过大,脱离学生实际。二是目标确立彰显主体性原则有助于增强班会内容选择和过程设计的适切性,围绕着班会目标,精心创设问题情境,引导学生通过体验、尝试、探究、感悟,进而达到提高认识的目的。从这个意义上来说,引导学生发挥主观能动性,经历自我体悟、自我认知、自我教育的过程,就是彰显教育主体性的过程。而如果目标设定无视学生的主体性,试图以说教来达成教育目的,其结果必然收效甚微。三是目标确立彰显主体性原则,有助于实现问题导向,以问题解决作为班会目的。

学生由于年龄、心理、阅历等方面因素,在成长过程中难免产生或遇到这样那样的问题,而主题班会的目标关注学生主体作用的发挥,能够引导学生通过对问题的发现、分析、思考,以及问题解决的路径和策略探索,不断提高自我认知水平和对问题的思考分析能力,对学生的健康成长和全面发展形成了有力的助推作用。

（三）评价性原则

主题班会的目标不仅是主题班会活动的归宿,也是主题班会质量评价的根本标准。不论是形成性评价还是终结性评价,其具体指标都是以班会目标为根本依据。因此在班会目标确立的过程中,不仅要考虑通过班会活动达到什么目标以及通过哪些活动过程才能达到班会目标,还要充分关注目标作为评价标准的价值。

这一原则意味着班会目标的确立不能宽泛,必须杜绝空泛的口号和标签。应当呈现清晰而又可检测评价的教育结果,即目标中应当具有可以用作质性评价也可用作定量评价的内容。换言之,目标确立既要着眼于学生自我认知和自我教育能力的提升,又要表明学生发展或问题解决的具体指向或路径。

目标确立的过程中坚持评价性原则,不仅为班会教育结果的评价提供了标准,也为教师对班会成效进行评价,对班会的设计、策划、实施进行反思提供抓手,从而为不断提高班会活动质量、增强班会实效提供有效路径。

四、案例分析

预备年级主题班会

（一）主题班会案例

主题:我为我掌舵。

教育背景:

学业自我效能感是指学生对自己能够顺利完成学习任务的自信心和自身能力的估计、对学习活动及其取得成果的感受。

多项调查研究表明,自我效能感的高低与学生的学习及身心健康密切相关。在学习方面,自我效能感会影响学生学习活动的动机、参与教学的兴趣、个人目标的确立、对待困难的态度、付诸努力的程度、因果思维(归因)的方式等。在身心健康方面,自我效能感会影响学生的认知调控、情绪反应、活动效率、思维能力、人际关系、潜能开发等。因此,结合目前中学生学业自我效能感较低的现状,有意识地培养学生的自我效能感是一个迫切任务。

教育目标：

1. 通过真实案例导入新课，引导学生感知目标对于学习的重要性。

2. 通过个案分析以及 SMART 原则的应用，使学生逐步明白目标的制订必须实际可行。

3. 指导学生根据个人能力制订近期目标，进一步提高对目标的执行力。

实施过程：

1. 导入与铺垫

设计意图：通过讲述查德威克的故事，引导学生认识目标的重要性，从而过渡到学生对自身的评估。

活动：查德威克的经历。

故事的主人公是一个名叫查德威克的女孩。那天的加利福尼亚海岸笼罩在浓雾之中，早晨的海水冻得查德威克全身发麻，游在海峡中的她连护送她的船都几乎看不到。时间一小时一小时地过去，千千万万人在电视上看着。有几次，鲨鱼靠近了她，被人开枪吓跑了，她仍然在游着。

游了 15 个小时之后，她又累又冷，她知道自己不能再游了，就叫人拉她上船。她的母亲和教练在另一条船上，他们都告诉她离海岸很近了，叫她不要放弃，但她朝加州海岸望去，除了浓雾什么也看不到。几十分钟后——从她出发算起是 15 个小时 55 分钟之后——人们把她拉上船。又过了几个小时，她渐渐觉得暖和多了，这时却开始感到失败的打击。她当时不假思索地对记者说："说实在的，我不是为自己找借口。如果当时我能看见陆地，也许我能坚持下来。"人们拉她上船的地点，离加州海岸只有半英里！

后来她说，真正令她半途而废的不是疲劳，也不是寒冷，而是因为她在浓雾中看不到目标。查德威克一生中就只有这么一次没有坚持到底。两个月之后，她成功地游过同一个海峡。

教师讲完查德威克的故事后，请学生谈谈对于主人公经历的感受。有学生认为查德威克是个很能坚持的人。教师就此提示主人公说过的一句话令人印象深刻："真正令她半途而废的不是疲劳，也不是寒冷，而是因为她在浓雾中看不到目标。"引导学生将关注点放在"目标"二字上，原来目标如此重要！

有的学生在教师的提示下，感受到目标的重要性并分享了自己的苦恼：一直在坚持学习数学,但似乎成效不佳,感到没有目标,光靠坚持也是遥遥无期。教师针对这名学生的发言,提出目标的话题。教师认为人生是一个漫长的旅程,在这个旅程中,目标既是前行的方向,也是前行的动力。因此,在追求成功的道路上,千万别低估了制订目标的重要性。由此,引出本节课的关键词——目标。

2. 展开与深化

(1)"目标支票:帮助'身边的你'"

设计意图:通过目标制订的 SMART 原则的介绍,展开对两个学生学业问题的剖析,进一步说明目标制订对学业效能感提升的重要影响。

图 3 - 1　目标制订的 SMART 原则

案例1:小芳在班中的成绩属于中上,她对自己的要求很高。一旦数学题做错了很多,她就觉得自己很蠢,其目标制订的范畴是提升数学学业效能感。

案例2:小杰英语能力较弱,但不知道该如何改善,因此在上英语课时总是提不起劲儿,其目标制订的范畴是提升英语学业效能感。

为使学生对两个案例的讨论更聚焦,在讨论之前,教师先介绍了 SMART 原则的详细内容,即具体的(Specific),可以衡量的(Measurable),可实现的(Achievable),实际的(Realistic),有时间限制的(Time-bound)。

随后教师给每位学生下发课前准备的第一张"目标支票",让学生通过对两个学业效能感较低的个案的分析,探讨他们的主要问题和学业困难的原因。根据 SMART 原则为他们分别制订相应合理的目标,写在"目标支票"的工作纸上,包括姓名、目标内容、执行方法、时限以及挑战级数(五星等级计分)等。

在进行事例分析时,学生很快就能发现两个个案的问题。有的学生针对小芳的学业问题,为提升其学业效能感,提出根据 Specific 原则,鼓励其多提问,不懂就要问;根据 Achievable 原则,结合自身能力,适当降低对数学的要求;根据 Measurable 和 Time-bound 原则,可制订一份期限为一个月的数学错题再温习的目标,通过每日打卡的方式,认真完成每日几题的纠错任务,帮助其逐步从近期目标向长期目标即提高数学成绩靠近。

针对小杰的英语学习问题，有同学认为原因在于他对英语学习没有兴趣，因此帮助其提升学习兴趣、增强英语学习能力是重点。为此，学生建议他制订具体的目标并严格执行，以此提升学习效率。然而目标的实现不可能一蹴而就，是一个需要长期坚持的过程，如果像现在这样每天对学习英语提不起劲，那必然是学不好的。

活动之后，教师小结：目标的实现是个长期坚持的过程，因此目标应更具体、更可行。结合 SMART 原则，当拥有了具体可行的目标并严格执行，我们就能够一次又一次地获得成功的体验，我们的学习兴趣和自信心才能不断地提升。

(2)"目标支票：我也做得到"

设计意图：在上一个活动之后，学生尝试为自己制订合适的近期学业目标并有效实施，逐步提升自身学业自我效能感。

教师引导学生完成"我也做得到"任务，向学生分发第二张"目标支票"，指导学生参考 SMART 原则，填写近期目标、执行方法、目标小贴士、时限以及挑战级数，并寻找班级里关系较好的同学作为见证人，请他/她在"目标支票"上签名，以作监督。

随后，学生都填写了各自的近期目标，并找到了见证的同学来监督自己执行目标。教师提问：是否有同学愿意分享自己的目标？请大家思考在制订自身近期目标的过程中，应注意什么问题？有的学生说，要在下次测试中英语提高 5 分；也有的说，要坚持一个月内每天花 20 分钟做英语阅读；还有的说，要在一个月内将手中的课外阅读书看完，计划每天看 20 页，并且达到基本可以将看过的内容复述出来的效果。

教师对分享自己目标的学生一一进行点评，并指导目标制订较为模糊的同学参考 SMART 原则进行细化和补充。

3. 总结与提升

设计意图：教师进一步为学生理清制订目标中的注意点。

教师总结：我们通过这节班会课知晓了目标制订的五个原则，也进一步认识到，目标的达成从来不是一蹴而就的，它是一个长期坚持的过程。期待同学们的首个近期目标的达成，我们再继续下一个目标，成功本来就是从小目标到大目标的过程,加油吧,同学们!

(二) 案例评述

本节课以"目标"为主线,基于部分中学生学业自我效能感较低的现状,从感知目标的重要性到如何制订合理的目标,主要通过故事描述、案例分析、体验感悟的方式,最后落实到行动力作业,为中学生如何制订合理有效的目标提供了一定的科学依据,也为中学生提升学业自我效能感起到了一定的驱动作用。本节班会主要有以下两个特点:

1. 主题班会活动目标的制订基于学生学习现状,聚焦学生相关能力的生长点

首先,主题班会课的认知目标是对学生品德形成的认知方面的目标追求。即通过这节主题班会要求学生懂得什么,明白什么。由于主题班会的时空限制,班主任必须结合学生年龄特征、学校和班级文化特征以及教育需要,确定切实可行的认知目标。

本节主题班会课从部分学生学业效能感较低的现状出发,以"我为我掌舵"为主题,设定了引导学生"感知目标制订对于学习的重要意义"这一认知目标。教师根据学生现有的认知情况,对学生自我效能感不高首先进行了归因,并将提升学生自我效能感作为总目标,逐步推进本节班会课的活动过程。

其次,在目标达成过程中采取的活动、案例和讨论难度适宜,结构合理,循序渐进。开篇以真实人物故事导入,非常震撼,给学生很大的触动。紧接着通过解读 SMART 原则,引导学生明确制订目标的注意点以及目标的具体内涵,通过"为他人制订目标"和"给自己制订目标"两个活动,逐层推进地引领学生明确如何制订合理可行的目标,进一步驱动学生增强学业效能感。

2. 凸显目标确立的导向作用,为主题班会的目标达成提供路径

主题班会的活动目标在功能上可以分为个体目标和班级目标。个体目标在层次上又可以分为基本目标和高级目标,基本目标是帮助学生成为心理健康、有基本德行、人生观健康的人。高级目标是在此基础上,帮助学生成为有正确而坚定的道德和人生信仰的人。班级目标在层次上也分为基本目标和高级目标。基本目标就是帮助学生成为遵规守纪、有基本的权利义务意识及社会责任感的公民;高级目标就是在此基础上帮助学生成为有坚定的社会主义信念的人。教师在设计本节主题活动的目标时,必须思考实现目标的路径有哪些,这样才能发挥

目标的导向功能,指导主题班会的活动过程,从而为主题班会的目标达成提供保证。

在本节班会课中,教师首先以查德威克的真实案例分析作为导入,以故事描述的形式展开,让学生感知目标的重要性,为后面以 SMART 原则为基础的"目标制订"活动起到很好的导向和引领作用;然后通过个案分析的方式,从学生的实际生活情境出发,引导学生依据 SMART 原则,结合案例人物存在的问题,为其制订相应的目标,逐步使学生明白目标的制订必须实际可行;最后,引导学生从自我认知的角度,根据个人能力,制订近期努力的目标,进一步引发学生思考在制订目标后,还需根据自己的能力做出相应调整,提高对目标的执行力。

本节班会课充分关注目标确立的导向性,在实施过程中通过精心设计的问题,引导学生从感知目标的重要性到学会制订目标,路径明确,逐层深入,使学生体验到成功实现目标所带来的自我效能感,班会的实效性得到了增强。本节班会课三个活动目标互为关联,是一个有机的统一体。所有的教学环节始终在教学目标的引导下层层递进,为学生的目标追求和实现起到了有力的促进作用。

（三）教师的反思

从目标达成度上看,班会课上学生经历了从故事描述（明白道理）到案例分析（体验与感悟）,再到制订个人近期目标（反思与提升）的过程。这不仅让学生意识到制订目标的重要性,也使学生在切身的体验中学会了应该如何去制订合理可行的目标,班会活动目标基本达成。

从主题班会的活动过程来看,要想"学会制订目标",先要"感知目标的重要性"。教学过程中,教师通过不同层次的问题设计,不断地师生互动,鼓励学生积极地分享,使其在课堂中知晓制订目标的必要性。通过案例分析的形式,帮助学生了解制订目标过程中需要考虑的种种因素,使其在切身体验中不断感悟内化。

从学生的课堂反馈来看,通过本节主题班会课的活动,学生均为自己制订了近期的目标。课后绝大多数的学生能按照近期目标执行计划,认真落实。一段时间后,学生的近期目标都得到了不同程度的实现,同时,他们在学业问题上的部分困惑也得到了一定程度的解决,学习的主动性和积极性、学业自我效能感也有了提升。

（四）案例的拓展延伸

这个主题属于提升学生学业自我效能感的范畴。学业自我效能感高的学生对自己的学习能力充满信心,认为自己能够顺利掌握学习内容,取得预期的学习效果,因此学习热情饱满,遇到困难也能勇于突破,不轻言放弃;反之,学业自我效能感低的学生则对自己能掌握学习内容、达到学习目标缺少自信,容易扩大学习过程中的困难预期,学习精神萎靡,遇到困难止步不前。培养学生的学业自我效能感,教师还可以作以下尝试:

可以通过问卷测验的方式,从一定程度上为学生学业效能感较低的现象找到原因,对症下药。

可以从家庭教育对自我效能感形成的影响这一角度入手,通过家校合作的方式,如利用家长学校的渠道,进一步提升家校互动的有效性;或通过家庭教育讲座,引导家长和学生建立起良好的沟通方式,为学生的个人成长和自我效能感增强创设有利条件。

初二年级主题班会

(一) 主题班会案例

主题:校园也公益——培养责任意识。

教育背景:

在科学技术日新月异的今天,社会生活的信息化和经济生活的全球化,使国际合作交往日益频繁,竞争也愈发激烈,对人才的要求也越来越高。要适应全球化的格局,现代的高素质人才在合作中应当具备责任意识。目前成长起来的青少年是"千禧一代",由于他们多为独生子女,责任意识相对淡薄,也缺少与他人合作的机会,加之在学习过程中又常常处于分数的激烈竞争中,责任意识的缺乏对他们人格的完善和人际合作交往能力的提高势必产生诸多影响。因此,引导和促进学生增强责任意识进而提升合作能力,已成为学校育人的重要命题。

教育目标:

1. 认识社团活动对于责任感培养的重要意义。

2. 通过对社团活动的体验感悟,培养学生的责任与担当意识,使其逐步增强在日常学习与实践中形成责任意识的行动力。

实施过程:

1. 导入与铺垫

设计意图:通过"校园社团招新会"视频的讨论,提示学生回忆自身参加社团的相关经历,让学生初步感受责任意识对于社团的重要性。

观看视频:播放"校园社团招新会"视频,再现社团招新活动的热闹场面。形式多样、丰富多彩的学生社团是我校针对全体在校学生开展全面育人的一个德育亮点。五花八门的社团文化活动,促进了校园文化和学生精神文明建设的健康发展。

每个学年第一学期首月的某天中午,学校都会举行红领巾社团招新的活动。该活动由学校提供场地,每个社团自己摆设摊位,为自己的社团做宣传,吸纳新人。在视频当中,学生们能看到包括自己在内的许多熟悉的身影:只见他们为吸引更多人气聚集到所在社团,这个唱歌,那个跳舞,这个写书法,那个玩科技,纷纷拿出看家"独门绝技",好不热闹!为了这次招新会,每个社团都做了充分的准备:拉海报、展示社团成果、派发纪念品、卖力吆喝,组员之间互相助力……都希望为各自的社团争取更多优秀的成员。

图 3-2 上海田家炳中学社团招新海报

视频播放结束。教师提问:"在这个视频中我们看到了许多熟悉的身影,那么招新会那天班级中有多少同学参加了活动?"大部分学生都举手了。教师就此提出让大家谈谈当时的感受。有学生说:"当天为了不让自己的社团落后,招新过程中喊得嗓子都哑了。"还有学生说:"当天的天气非常热,可是我们的成员没有一个中途离开,反而都相互鼓励,希望坚持到最后,向更多的同学和教师介绍自己的社团!"还有一些前去参加社团招新的"旁观者"说:"我非常开心和激动,学校的社团丰富到令人眼花缭乱,而且每个社团的氛围都是那么融洽,每个社团都有自己的特点,准备得也非常充分,以至于在选择的时候我都犯'选择困难症'了!"很多学生不禁笑了起来。教师总结道:"我和大家一样,感觉那天特别热闹,在大家共同的努力下,我们一共有22个社团正式成立了!"但是也有学生表示很可惜,没有成立自己心爱的社团。教师启发道:"大家有没有想过,究竟是什么原因促使那天在现场的每位同学都这样投入地为自己的社团宣传呢?"班级中出现了短暂的安静,过了一会,有几个学生说:"社团之间的竞争意识很强。""社团的成员为这一天都等了好久了,当然尽心尽力啦!""我认为是大家都想让自己的社团更有知名度!"……听到学生们的议论,教师微笑着对大家说:"同学们,你们说的都对! 我把你们的分析归纳为三个字,你们看看对不对——责任感!"学生表示认同。 由此,教师引出了本堂主题班会课的关键词——责任意识。

2. 展开与深化

设计意图:通过长微博分享和 GSA 视频播放,让学生明确参加社团对个人锻炼发展的重要意义。

(1) 长微博分享:《最终幕、完美谢幕、我们将要退出这个舞台》

微博内容:健美操社团的学长通过长微博的形式向大家分享了一次比赛的心路历程。文章真实记录了他在预备二年级时,参加健美操社团并去校外比赛的事迹。他和 12 名成员挤在小小的舞蹈房中,抱怨着练站姿的辛苦,那时大家还不知道什么是付出的幸福,也不懂分享的快乐。从开始练步伐时的笨拙到渐渐能跟随节奏跳跃,成员们开始感受到生命的律动,转变了态度,开始对社团充满期待。一学期过去,筛选后的新老成员们将要迎接比赛,一点一点地学习动作,经历了一个寒风萧瑟的冬天的苦练,12 名成员和 2 名替补终于坚持到了比赛。比赛的过程是短暂的,但也是幸福的,这是有了付出与承担之后才能体会到的巨大快乐,是每个人都不可多得的精神财富。最终,社团取得了全市第二名的成绩。这不是谁的荣耀,而是大家努力拼搏的见证。

通过学生微博分享,教师在 PPT 中呈现参加有益的社团活动是青少年健康成长的重要途径。积极参加社团活动有利于开阔眼界,增长知识和才干,学到在课堂里和书本上学不到的知识与本领,丰富和活跃课余文化生活,锻炼青少年各方面的能力。同时进一步明确正是每个成员一点一滴的付出和坚持不懈的责任心,才促使健美社团的成员们最终取得佳绩。

(2)GSA 视频播放:《绿色·环保·梦》

视频内容:田家炳中学 GSA 环保社成立至今,通过组织周期性、常规性的校内外志愿服务,普及了垃圾分类常识,营造了低碳生活理念和绿色的校园风尚与社区风尚,为创造更绿色、更美好的上海添力。从 2011 年 11 月开始,GSA 环保社的社团成员们便与"低碳环保"结下不解之缘,他们利用假期及个人"碎片时间"累计平均每人参与 35 次环保志愿服务,累计志愿服务时间达每人 128 小时。他们的行为深深鼓舞了身边的同学,许多同学都带着同样的环保梦加入 GSA 的环保事业。GSA 这个梦想大家庭从萌芽阶段发展到现在,社团成员们走的每一步都见证了梦想成真的历程。他们在"上海田家炳中学团委"的微博中有一个关于环保梦想的微话题"绿色环保梦",每次活动的记载与发布都抒写着 GSA 环保社伴随年轻梦想的"绿动"青春。

在播放完 GSA 环保社视频后,介绍 GSA 环保社是我校社团中第一个聘请社会团体负责人为特别指导教师的社团,也是第一个依托社区、依托社会开展活动的社团。我们的 GSA 社团从学校走向社会,获得了社会各界的认可。观看视频后,教师向学生提问:"GSA 环保社的成功能否给我们带来一些启示? 你觉得什么是维持社团可持续发展的最重要因素?"有的学生认为,社团结合一些社会发展的问题能更好地融入社会。教师肯定学生的回答后,进一步引导学生思考:社团建立后,如何才能让它进一步发展呢? 你觉得最重要的是什么? 有的学生认为是社团成员的行动力;有的学生认为社团要有管理人员,督促大家遵守社团规则;还有的学生认为社团成员要有责任心,这样才能自觉做好各项工作,社团才能充满活力和生机。教师小结:"社团的管理非常重要,做好这项工作,责任意识是第一位的。同学们说得很好,试想一个社团建成之后,只有每位社团成员都承担并做好相应的工作,我们才能有序地开展活动,社团的发展才会欣欣向荣。"

3. 总结与提升

设计意图：让学生分享自己的亲身经历，交流成长与收获，引发学生对于参与社团活动意义的深思，使其意识到责任意识是合作的基础，并且能够树立责任与担当意识。

（1）学生自我审视

在了解了学校诸多学生社团之后，教师请学生分享参加过哪些社团，有哪些收获，并在小组讨论的基础上进行交流。

学生小组讨论后，各小组代表纷纷发言。有的学生说自己组内有同学参加合唱队社团，他们在一次次比赛中，不但提升了自己的唱歌技能，而且增强了自信，因此在比赛中拿到了非常好的名次。教师对此予以肯定。

有的学生说自己曾是编程社的社长，在编程中遇到不懂的问题经常与同学沟通交流，不但解决了问题，而且增进了同学间的相互了解；还有同学分享了自己参加体育类社团的体会，能经常和教师们一起打篮球，不仅提升了篮球技能，还拉近了师生关系。

还有学生分享了自己参加健美操社团的收获，为了参加比赛，每位成员不怕苦不怕累，练到膝盖都肿了，但是还继续坚持，从中体会到这就是认真做自己喜欢的事情应有的态度。

教师就此请每位学生写出自己的理想，再谈谈如何才能实现理想。学生们有写希望自己将来成为一名教师的，有写想成为一名篮球明星的，有写希望自己能够成为时代偶像的，还有想成为科学家，研究人工智能的……教师听后，鼓励大家好好学习，在实现理想的道路上有意识地培养自己多思、多做、懂得付出与合作，要求每个学生认识到责任意识是合作的基础，也是实现理想的重要因素。

（2）教师总结

讨论交流后，教师对此次班会作了如下总结：同学们，通过观看社团活动的视频，讨论社团活动对于同学们的意义，这一系列的分享、讨论和交流，相信大家现在对于自己所参与的社团与责任意识的具体表现都有了新的认识和理解。没错，校园社团的组建要求同学们主动向别人提问，向别人解释自己的看法。这不但可以培养大家的责任意识，更可以促进你们对学习的兴趣，增加与他人交换想法的机会，还可以使大家在讨论中学会接受不同的观点，扩展自身的视野，增加思维的碰撞。社团为每一个同学提供了展现自己能力的机会，也赋予你们责任与使命。你们或作为集体的一员为完成任务而自豪,或为小组的成功而骄傲,从而感受到责任感给自己的嘉奖。在共同商讨解决难题的过程中,社团成员可以学会如何关怀和帮助他人,学会处理人际关系的技巧,学会与不同背景、不同性别、不同能力的人一起合作。这些都是培养你们责任意识的重要途径。相信在不远的将来,每个同学经过社团的历练之后,都会变得更富有责任心。具备这一宝贵品质后,当你们在人生的道路上遭遇挫折和困境的时候,能够从内心源源不断地产生面对困难的勇气和智慧!

(二)案例评述

本节班会课以"校园也公益——培养责任意识"为主题,围绕这一主题,教师制订了具体清晰的教育目标,一切教育活动都为目标的达成服务。如借用社团招新视频来调动其积极性,引导学生深入了解社团的含义和分类,既尊重了学生的认知起点,也有利于创设学生主动求知的宽松学习环境,为深入讨论责任意识搭建平台。

此外,在活动过程中教师采用小组分享和过来人建议相结合的方式阐述社团对学生的意义,让学生能够多角度地思考并意识到只有在合作中主动承担责任,才能感受到社团给自己带来的改变。

最后,教师采用了个案分析的方法,让学生分析校明星社团 GSA 环保社持续发展的原因,由此明确责任意识是合作的基础,也是促进社团健康发展的重要因素,进而引导学生在参与活动的过程中落实责任意识。具体而言,这节主题班会具有以下几个特点:

1. 目标确立体现了学生自我认知的导向

主题教育贵在触动学生心灵,引起情感共鸣。要达到这样的教育效果,必须在引导学生自我认知方面下功夫,使学生从自己原有的认知出发,产生新的发现和认识,进而提高自我认知能力。

本节主题班会深入浅出地让学生充分认识到社团活动对于增强责任意识的意义。首先,社团是培养学生合作能力、增强责任意识的有效载体。学校红领巾社团已初具规模,开学初,班级学生已经参与了社团招新活动,但由于认识不足,导致对社团的分类和任务尚不明确。本次主题班会针对学生初入社团组织的基本需求确立目标,在知识层面让学生知道什么是学生社团,了解中学生社团的类型,进而认识到参加社团活动是青少年增强责任意识、锻炼成长的重要途径,知晓在社团活动中应遵循的准则。其次,引导学生进一步认识学生社团,深刻理解社团对于培养责任意识的重要意义。在参加社团活动的过程中,有的学生只是抱着凭个人兴趣参加娱乐活动的态度,并没有意识到参加社团活动对于培养责任意识和合作能力的重要性。针对这一情况,教师在班会活动中通过分析学校学生社团活动情况,以及学生交流参加社团活动的体验与收获等方式,让学生认识到参加社团活动的重要意义,感悟社团活动中自身应具备的责任意识。在班会活动中,学生交流各自的社团活动经历,分享社团活动中的成长与收获,从而转变了此前对社团的看法,深刻认识到增强责任意识和勇于担当,是促进自己全面发展、为集体作出贡献的重要条件。最后,教师又不失时机地对学生进行进一步引导,以学校的几个明星社团为例,激发学生深入思考如何继承与发扬明星社团的经验,在管理社团和建设社团的过程中提升自己的责任担当意识和管理能力。在班会活动过程中,教师还以学校健美操社团成员所写的长微博和 GSA 环保社活动短片为案例,升华了班会主题。学生通过自主感悟和体验,切实提升了自我认知能力,转变了之前对社团的一些狭隘和片面的认识,深刻理解了社团活动能促进个人和集体双向发展。个人的责任意识增强,勇于承担责任,社团就会蓬勃发展,同时,社团的蓬勃发展又为个人素养的提升创造了契机。

2. 目标确立为情境创设提供了路径

本节班会课主题是"校园也公益——培养责任意识",然而就学生现有的认知能力和社会阅历来看,显然单靠说教与灌输不可能产生教育实效。这节班会在目标确立时充分考虑到学生的实际,使活动设计围绕着目标,顺理成章地创设问题情境,让学生在问题情境中通过体验得到感悟和启发。整堂班会以学生平时参加的社团活动为依托,引导学生回顾自己的经历,如参加社团招新会、组织和参与社团活动等,帮助学生对自己的社团生活进行归纳与总结,由于将话题放置到学生可感知的情境之中,因而能够触动学生内心而使其有话可说。班会活动过程形式多样,有视频播放、微博分享、小组讨论以及自我分析等,引发学生不断深入思考如何通过社团活动增强自身的责任意识;通过优秀社团的示范效应,让学生有对照、有审视,进而提升自我认知;最后通过行动力作业,敦促学生学以致用,拓展延伸班会的教育效应。

总之,班会的活动设计充分体现了目标确立的意图,考虑了学生的认知水平和学习习惯,每一个环节都是一个问题情境,学生可以充分表达自己对问题的思考和感悟,通过问题情境的创设,分享自己的收获。在这样的氛围下,学生的积极性被极大地调动起来,开始主动参与尝试体验和问题探究,从而为班会目标的达成提供了重要保证。

3. 充分体现了以学生为主体的班会目标确立的原则

在整个班会活动过程中,教师始终注重学生主体性的发挥,鼓励学生展开积极思考,通过情境创设,让学生在体验中逐渐感悟责任与担当对于个人成长的重要意义。比如,当学生刚开始表达自己参加社团的感受时,往往停留在感性认识层面,教师此时耐心鼓励和引导,当学生说出"社团"这个中心词时,教师没有急于让学生下定义,而是通过明星社团活动开展的事例,加深学生对社团的具体印象,再让学生归纳社团的概念。在教师的引导下,再给社团下定义时,学生的积极性、流畅性、深刻性较之前的回答就有了很大的提高,也就明确了学生社团是学生为了增长知识、锻炼能力、丰富和活跃课余文化生活而形成的群众性组织,从而为引导学生进一步探讨和理解参加社团活动与增强责任意识的关系作了充分的铺垫。

当然,发挥学生的主体作用,并不意味着教师无所作为,恰恰相反,教师只有切实发挥其主导作用,才能充分体现学生的主体作用。例如,学生分享自己在社团活动中的收获与成长时往往是比较具体而冗长的。如何根据学生的回答,用一两个短语提炼出其中的内涵,对教师而言是一个巨大的挑战。教师的概括提炼既是对学生的肯定,又能启发学生展开进一步思考。教师不仅抓住学生发言中的关键词进行归纳,如"提高了唱歌的水平""自信""增进了师生的友谊"等,还将学生描述的语言浓缩成一两个关键词,如将"练到膝盖都肿了,但是还得继续"概括为"一种富有责任心的表现"。更为重要的是,教师一直用各种激励性话语鼓励学生发言,促使学生通过自我反思和聆听他人,多角度感受责任意识对于合作交往的重要性。

(三)教师的反思

从目标达成度看,整节课就学生最后呈现出的成果而言,基本达到了预定目标。学生在小组讨论时既有分工又有合作,对于如何在社团中不断增强责任意识,为集体作贡献有了深刻认识。

从班会内容来看,从社团招新视频到健美操社团成员的长微博,再到 GSA 环保社的介绍,充分利用了学校已有的资源,贴近学生的生活实际,让学生有话可说。

从活动过程来看,比较注重学生的主体性,鼓励学生多谈自己的感受和想法,通过情境创设,让学生在体验中感悟责任与担当对于个人成长的重要意义。

不足之处在于,学生虽然对责任与担当对社团发展的重要性有了一定的认识,但对于这些因素是如何促进社团发展的这一问题讨论得不够充分,如果能把学生所提到的责任与担当具体化,可能对于学生责任意识的培养和增强发挥更大的作用。

总之,确立主题班会的目标除了要充分了解班情和学情,以及认识教育目标的内涵与价值之外,还应找准确立班会目标的途径。这样才能真正指导班会活动的开展,从而使主题班会更具实效性。

(四) 案例的拓展延伸

1. 模拟创办社团活动

目标:通过学生自主创办社团并自主招聘成员的活动设计,引导学生体验感悟培养责任意识和组织管理能力的重要意义。

如若申请成立社团,需关注以下内容:

社团名称	
社团类别	□科技学习类　□文学艺术类　□公益实践类　□体育运动类
指导教师	联系方式
附议人 (≥5 人)	
社团宗旨	
社团章程	
社团组织架构	
活动计划	
社团经费及 其使用情况	
社团活动内容	

2. 课外延伸：开展增强责任意识的体验式活动

根据学生和班级具体情况，选取一些适合学生参与的项目，如义卖活动、社会实践、公益项目等。让学生拿出组织活动的方案，包括设定活动目标、设计活动内容和过程、具体人员安排落实、结果考评等，通过活动体悟，深化对于增强责任意识重要意义的认识。

主题班会要取得既定的效果，材料的选择是重中之重。这里所说的材料主要是指可作为班会内容的人和事，也包括各类媒体材料，如音响、视频等。班主任需要从多方面入手对学生进行深入分析，选择适合他们年龄和生活实际的班会材料，然后采取行之有效的教育策略和手段。唯有这样，主题班会才能真正发挥育人的功能。

主题班会作为班集体教育活动的一种特殊形式,在引导学生自我教育、自主发展以及增强班集体凝聚力方面具有重要作用。主题班会要取得既定的效果,除了选择合适的班会主题、确立相应的目标,材料的选择是重中之重。这里所说的材料主要是指可作为班会内容的人和事,也包括各类媒体材料,如音响、视频等。班主任需要从多方面入手对学生进行深入分析,选择适合他们年龄和生活实际的班会材料,然后采取行之有效的教育策略和手段。唯有这样,主题班会才能真正发挥育人的功能。

一、主题班会材料选择的意义

材料的选择对主题班会而言必不可少,它是组织安排班会内容的重要前提,缺乏材料,主题班会就成了无米之炊,当然也就不可能发挥其教育和指导功能。一般而言,主题班会包括思想教育、日常行为习惯的养成教育、节假日传统教育以及班集体中倾向性问题的解决。因此,小到班级中的一点一滴,大到社会新闻报道的事件,都可以作为主题班会的内容。具体而言,主题班会的材料选择有这样一些意义:

(一) 有助于主题班会目标的达成

主题班会的目标达成是其针对性、实效性体现的重要标志。实践表明,主题班会的目标达成,不能只靠说教和灌输,而需要创设引导学生思考、体验、感悟的情境或载体,让学生经历一个自我认识的过程,这样的主题班会才能让学生有收获,有提高。需要强调的是,主题班会中的情境创设、载体构建以及过程设计,都需要依托材料的选择,而这一切,又是班会目标达成的重要基础。有了精心选择的符合学生认知水平、体现问题导向的材料,就能够在班会活动过程中为学生思考分析和认知改变创造条件,从而产生明显的教育效应,实现班会目标。

(二) 有助于增强学生的体验感悟

学生是主题班会的主体,塑造学生品格、开展思想和道德教育是主题班会的重要功能。中学生由于年龄和心理特点,对未来充满无限的向往和美好的憧憬,但由于缺乏社会阅历,他们往往感受到未来的不确定性和学业压力的沉重。同时,由于缺乏清醒的自我认知,情绪起伏较大,时而肯定自我,时而否定自我。承担着思想道德教育和提升综合素质的重要使命,主题班会必须针对中学生的年龄和心理特点,深入思考并采取有效策略和举措引导学生提高思想认识和道德认知。其中,选择适合学生年龄和认知水平的材料,创设情境,构建载体,让学生在情境中通过体验感悟增强自我认知是一条重要路径。只有强化学生在情境中的体悟,才能使学生从中有发现、有思考、有转变、有提升,使主题班会的内容引发学生共鸣,进而达到教育目的。

(三) 有助于教师思考分析能力的提高和知识结构的优化

材料的选择不能随心所欲,也不可能一蹴而就。材料使用的效果,取决于教师选择材料的眼光和视角。从这个意义上说,材料的选择对教师的分析思考能力既是考验也是促进。因为材料的选择既要与班会主题和目标契合,又要与学生年龄和认知能力相适应,还要能够用来创设引导学生体验探究的情境。这一切都要求教师在选择材料时必须进行多角度、多层面的思考分析。换句话说,教师选择的是材料,而着眼的是学生的发展。此外,材料的选择客观上也促进教师不断学习,优化知识结构。可以说,材料无处不在,重要的是要有鉴别材料的慧眼。除了思考分析能力的提高之外,还须广泛涉猎多方面的知识,更多地关注经济社会的发展,学习和掌握体现时代特点的条件性知识,如信息技术、互联网、大数据分析等方面的知识,并运用这些知识为材料的选择提供帮助。由此可见,材料的选择对教师专业水平的提高具有不可或缺的作用。

二、主题班会材料选择的常见问题及误区

在主题班会的实践中,由于主客观方面的原因,如教师对材料选择的重要性认识不足,对学情研究不透彻,或由于时空条件的限制等,导致在材料选择方面还存在不少问题,大致有以下几种:

(一) 材料与主题和目标缺乏紧密联系

围绕主题开展教育活动是主题班会的基本特征。班会中所有内容都应紧扣主题,为实现主题教育目标服务。然而在具体实践中,往往出现所选择的材料与主题或目标缺乏紧密联系乃至脱节的现象。

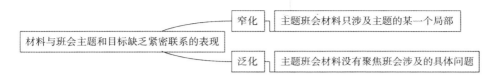

图 4 - 1　材料与班会主题和目标缺乏紧密联系的表现

　　具体表现为一是窄化，即所选材料只涉及主题的某一个局部。如班会主题是如何推进校园文化建设，而所选的材料均为如何布置美化校园，或是怎样参与学校或班级各类文体活动，甚至是如何提高才艺表演能力，等等。不可否认，环境美化、各类文体活动仍然属于校园文化建设的范围，但仅仅选择这方面的材料，显然是窄化了校园文化建设的内涵。要让学生真正理解其价值，就必须从思想精神层面去开掘，去选材。校园文化建设的核心问题是形成促进学生自主发展、全面发展的愿景和良好班风、学风的价值取向。仅仅专注于校园环境美化和文体活动的开展，就会导致班会内容偏离主题。另一种现象是泛化，即班会的主题聚焦某一个具体问题，材料却大而化之。如关于如何培养良好的学习习惯这类主题，选择的材料多为介绍名家名人如何刻苦奋斗取得卓越成就的事迹，重在展示他们拼搏奋进的精神。当然，培养良好的学习习惯需要内在动力，但除此之外，还应重视引导学生理解和掌握培养良好学习习惯的策略和方法，并能够在日常学习过程中以具体行动去实践。如果只是泛泛地谈论应当怎样刻苦努力，就缺失了针对性，影响了主题班会的目标达成。

　　（二）材料未能契合学生年龄和认知水平

　　因材施教是教育的基本原则，主题班会也是如此。促进学生的成长发展是主题班会的根本使命，因此班会的主题、内容、形式等都必须契合学生的年龄、心理特点及认知水平。然而由于对学生特定年龄的思想、心智特点把握不准，对容易产生的问题研究不透彻，导致材料的选择脱离学生实际，难以引起共鸣或触动。这方面的具体表现，一是选择名人名言进行讲解灌输，试图以此激励学生提高认识，结果往往收效甚微。二是选择的材料脱离学生的生活，缺少情境创设，学生没有体悟。例如，关于理解改革开放给生活带来怎样的变化，或庆祝国庆这类主题班会，教师选择的材料多是专家的论述或是各种数据。对于缺少生活阅历的中学生来说，他们很难将这些材料与自己的生活联系起来，缺少体验感知，就难以真正被触动。三是选择的材料缺乏引发学生思考的作用。例如,有关如何学会选择这类主题班会,教师选择的往往是那些成功案例,很少创设让学生去体验思辨如何学会选择的情境。中学生仅仅"知其然"是远远不够的,还须"知其所以然"。切合学生实际的材料能使其经历体验和感悟的过程,进而达到主题教育的目的。

(三)材料选择缺少改造和加工

任何一则材料原本都不是为某一类或某一节主题班会量身定制的,因而材料一旦被选为班会的内容,教师就必然要根据主题和目标的要求,对材料进行相应的改造和加工,从而使材料为我所用。然而在主题班会实践中,还较多地存在着对材料未作任何改造和加工的现象,导致未能产生应有的效果。一是材料堆砌,由于缺少改造加工,材料与材料之间缺乏内在的逻辑关联。不少班会只是简单罗列所选的材料,学生只是阅读了一个又一个故事,却并不清楚这些故事之间存在怎样的有机联系,因而认识得不到深化提升。二是片面追求形式,由于缺少加工改造,在选择材料时,教师过多地考虑活跃班会的气氛,追求课堂热闹,造成形式和内容脱节,热闹过后,学生并未有所得。

三、主题班会材料选择应坚持的原则

材料的选择是主题班会内容安排的重要环节,也是主题班会实现教育目标的关键所在。因此,主题班会的材料选择只有坚持以下原则,才能产生预期的效果。

(一)一致性原则

材料选择的一致性原则应当体现在这几方面:一是与班会主题一致。主题是班会的灵魂,也是学生发展所探讨的问题或话题的立足点。受课时的限制,一般而言,主题涉及的范围不宜太大,因此,选择材料之前必须深入理解主题的内涵与外延,避免过于宽泛或窄化。二是与班会目标一致。通过集体活动提升学生素养是主题班会的重要使命,班会目标是学生获得启迪、转化思想、提高认识、增强动力等结果的预设。这些目标的达成,其中一个重要条件就在于班会内容的组织。而作为班会内容的重要组成部分,选择材料时就要深入思考,如何让学生通过对材料的思考分析,从中有认识、有启发、有提高,从而使材料和目标形成有机统一的整体。三是要做到材料与材料之间构成有机关联。在大多情况下,一节主题班会课往往需要选择多个材料,这就必须考虑材料与材料之间的内在逻辑。通过材料的有机组合,逐层深入,步步提升,从而为班会目标的实现发挥最大效应。

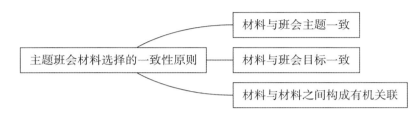

图 4-2 主题班会材料选择的一致性原则

(二) 适切性原则

学生是主题班会的主体,主题班会的材料选择必须根据学生的不同年龄阶段及身心特点,针对其在学习、生活以及思想等方面出现的问题,选择贴近他们生活的材料,使他们易于感知、易于理解。要做到这一点,就必须准确把握不同年龄阶段的心理特点以及容易出现的问题。以初中学生为例,刚进入预备年级,面对全新的班集体、新同学、新老师以及未知的一切,教师需要通过班会活动让他们尽快融入新的学习环境,同时需要在这一阶段培养学生良好的学习习惯和行为规范。由此,预备年级主题班会的材料选择就有了基本依据,须围绕适应入学环境和培养良好的学习习惯来选择材料。进入初一年级,学生刚刚开始面临学业的压力,引导他们学会学习应当是这一年级主题班会的主要内容。因此,要围绕学习的动力激发、目标确立、态度端正、方法掌握等方面来选择材料。步入初二年级,青春期少男少女的身体和心灵都会产生变化,这一阶段主题班会的选材就须适应青春期学生的心理和生理特征。进入初三年级,学生面对迷惘的未来和升学竞争带来的压力,主题班会则应当更多地围绕促进学生形成正确的自我认识,增强其自我发展的意识来选择材料,这样才能有助于解决学生在成长中遇到的问题。需要强调的是,针对不同年级学生的特点安排不同班会主题和内容并不是绝对的。例如,关于学会学习的问题,不仅初一年级会涉及,在其他年级也会强调类似的主题。此外,材料的适切性原则还意味着材料选择应当根据主题和目标的需要,进行必要的改造和加工,使之与主题、目标形成有机统一的整体。

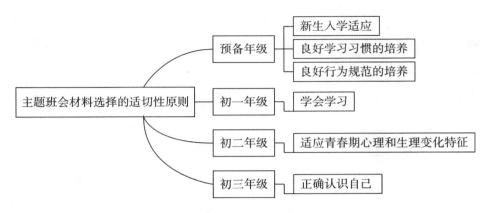

图 4 - 3 主题班会材料选择的适切性原则

(三) 体悟性原则

如果主题班会只有单一的说教和灌输的方式,只是班主任一个人唱独角戏,这样单调乏味的教育活动就很难触动学生心灵、引起学生共鸣,收效甚微。因此,在材料选择过程中,必须强调体悟性原则。即通过材料选择来创设情境,让每则材料都成为引导学生体验、探究、感悟的载体,进而让学生通过体悟对自身形成正确的认识。换言之,只有让学生通过体验、探究,才能有触动、有感悟,才能获得直接经验,进而对自我作出正确的评价。此外,注重材料选择的体悟性原则,还须通过材料选择来提供喜闻乐见的形式,设计学生活动的过程,引导学生通过活动发现自身的不足与优势,从而增强完善自我的内驱力。可以说,利用材料创设增强学生体悟的过程,使得主题班会引导学生自我教育的功能得到了充分体现。

四、案例分析

初一年级主题班会

(一) 主题班会案例

主题:性格的力量——从同伴接纳谈起。

教育背景：

社会心理学研究发现，儿童青少年时期的同伴交往尤其重要。一方面，同龄人往往面临着同样的问题，有更多的共同语言；另一方面，儿童青少年渴望从同伴、集体对自己的反映中发现自我、认识自我，进而完善自我。由于我国在很长一段时间内实行计划生育政策，独生子女占据了年轻一代中的绝大多数，他们普遍缺乏兄弟姐妹和其他同龄人的陪伴。因此，学会与同伴交往应当成为学生健康成长的重要话题。

同伴关系对儿童青少年的社会性和情感发展具有独特的、成人不可替代的作用。相关理论文献指出，与同伴交往的经验是发展成功的社会交往所需要的基本技能的重要条件。"没有与平等的同伴交往的机会，儿童将不能学习有效的交往技能，不能获得控制攻击行为所需要的能力，不利于道德价值的形成和性别社会化。"此外，同伴关系对儿童青少年社会支持感、亲密感的获得以及自我概念的发展同样具有重要作用。

基于以上认识，我们选择了"性格的力量——从同伴接纳谈起"这一主题，通过对案例的思考、分析和讨论，引导学生学会怎样与同伴交往。

教育目标：

深刻认识个人性格对于人际关系的影响，有意识地改变自己性格中需要调整的部分，学会与同伴交往。

实施过程：

1. 导入与铺垫

活动：十大不受欢迎言行选举。

教师下发印有"20个人的话语"的工作纸，请学生选择10种他们不喜欢的言行。

"20个人的话语"如下：

"都怪你忘记带球了，现在大家都没得玩了！"

"你又迟到啦？不要每次都要我等你，好不好！"

"怎么你这么没用呢！每次测验都这么低，你看我考了80分呢！"

"……"（在人面前经常沉默）

"我还是觉得我的意见比较好！"

"你没有叫他一起出来吗？有没有搞错啊,那我不去了!"

"嗯……好啦,你说了算吧……"

"我现在很想去逛街,你是不是不想陪我啊?"

"如果不是你,我们就不会输了!"

"我想我还是没空……你还是不要算我这一份了……"

"我说了我现在想看电视,你等我一会不行吗?"

"你这么没用,不用试就知道你不行的,你不用试了!"

"把书拿过来给我。"

"我一点也不喜欢这支笔,一点也不好看,给你吧!"

"那又怎么样？不记得怎么了?"

"嗯……不知道……嗯……希望可以吧……嗯……"(低着头说)

"这个人整天不吭一声,不要理他了!"

"你看我多棒,有我肯定赢的啦!"

"跟反应快不快没有关系,他整个人根本就有问题!"

"那支笔是我的,还给我!"

通过全班投票的方式,根据票数统计出 10 种学生最不喜欢的言行。气氛瞬间活跃起来,每个学生都拿统计的结果和自己选择的结果作对比。紧接着,教师请学生用不同的形容词描述他们所选择的言行,学生使用频率最高的形容词是"强势、霸道、自私、胆小、唯唯诺诺"等。根据学生的描述,教师总结出言行其实是性格的一种表现,进而引出班会主题——性格的力量。

2. 展开与深化

活动一:小品演绎"三人行"。

设计意图:通过直观的小品演绎,引导学生思考性格类型对同伴交往的重要意义。通过分享交流,请学生谈谈自己的性格与哪种类型相似,明晰恰当处理人际关系对于培养信任感、提升社交能力的重要性。

(1) 学生表演小品

情境一:小丽是预初年级的学生,平时说话大声,性格直率。有一天,小丽在学校自动售卖机买了一瓶饮料,转身的时候,不小心撞到身边的一位同学,而且把饮料打翻在这位同学的衣服上。小丽不但没有道歉,反而责怪这位同学打翻了她的饮料,甚至要求这位同学赔偿一瓶饮料给她。

情境二:小强是预初年级的学生,平时说话细声细语的。有一天中午休息的时候,他和往常一样到小卖部去买零食。这时班级同学让小强也帮他们买,尽管数量较多,但小强还是答应了。久而久之,要求小强帮忙买零食的同学越来越多。在同学眼中,他是一个肯帮忙的人。

情境三:小明是预初年级的学生。一天,他走到学校走廊的转角位置,一位同学突然跑出来撞到了他,二人拿着的文具和书都掉到了地上。结果那位撞到小明的同学很气愤,破口大骂,小明却平心静气地表达自己对那位同学的关心,并帮助那位同学捡起地上的文具和书。

(2) 小组讨论

小品演绎呈现了好斗型、被动型和自信果断型这三种性格特征的人与同伴相处的真实生活场景,引发学生思考不同性格特征对于同伴交往所产生的影响。讨论发现,好斗型的学生说话大声,性格耿直,一旦与同伴发生冲突,往往会先顾及自己的需要(很多时候往往是不自觉的),总是责怪他人,这类性格的人在与他人相处时会使别人感到不被尊重,容易缺失同伴;被动型的学生不会主动向别人袒露自己内心真实的想法,期望别人能够明白自己,说话声量弱小、迟疑、自责、退缩,虽然能够与同伴保持良好的人际关系,但往往会忽略自己真正的需要,长此以往,对于同伴关系的建立和维系也是不利的;自信果断型的学生尊重而不侵犯别人的权利,会以温和的声线和眼神与人接触,愿意聆听他人的意见,并能以尊重的态度表达自己的意见,这类性格的人在与他人相处时能够与别人保持良好的关系。

(3) 反思自己的性格与小品中的哪一个人物较相似,并说明原因

在讨论分析的过程中,有的学生认为自己在与同学相处中或许过于强势,没有考虑他人感受;有的说自己在与他人交往的过程中,一味地迁就别人,却没有关注自己的委屈。总体来说,学生充分肯定了决断关心型的性格对于同伴相处的积极影响。在学生讨论的基础上,教师作出进一步的引导。教师没有过分强调某一种性格类型的特点,而是通过分析学生身边发生的事例引导学生思考,个人的性格给自己与他人的交往会带来怎样的影响,从而让学生理解个人性格和人际关系之间的关联,意识到个人言行将影响同伴关系的亲疏,进而有意识地去

改变自己性格中需要调整的部分。

活动二:我好,你也好。

设计意图:再次呈现班会导入环节中学生评选出的 10 种不受欢迎的言行,要求学生以"我好,你也好"为原则,把不受欢迎的言语转化为友好的话语,引导学生把握自信果断型性格的特点,学会以"我好,你也好"为原则进行同伴交往。

在这一过程中,教师指导学生进行话语转换的体验尝试,例如:"都怪你忘记带球了,现在大家都没得玩了。"可以尝试改为"下次别忘记了,我们现在想想玩些其他什么呢?"又如:"怎么你这么没有用呢,每次考试都考得那么低,你看我考了 80 分呢!"遇到这种情况可以这样说:"你要更加努力,相信自己,继续加油!我们一起攻克难题吧!"通过这样的话语转换练习,学生体验到自信果断型性格在同伴交往方面的优势,对于如何与同伴交往有了更深的认识。最后,教师告诫学生与同伴交往中不能过分好斗,也不应过分被动,必须始终坚持"我好,你也好"这一原则。

3. 总结与提升

设计意图:升华班会主题,对学生的认知进行总结,并提出要求。引导学生在思考、对照的基础上,加深对自我性格的认识,切实增强与同伴友好交往的意识。

(1)课堂总结

古语说得好,良言一句三冬暖,恶语伤人六月寒。我们在与同伴交往的过程中,需要注意说话分寸以及可能产生的结果,既不要好斗逞强,也不要胆怯被动。如果你觉得个人的一些性格特质对自己的人际交往产生了负面影响,那就需要凭借意志和毅力逐渐改变调整,这样,就可以使我们以性格的力量实现与同伴的友好交往。

(2)课外延伸——行动力作业

让每位学生写下个人性格中亟待改进的某个方面,在班级同学面前读出来,并定下改正的期限请大家监督,从而促进学生把主题班会上提高的认识与实际行动结合起来。

(二) 案例评述

教师在这节班会上引导学生学会与同伴正确交往,没有过分强调某一种性格类型的特点,而是通过引导学生思考和分析自己及身边发生的事例,提升学生对自我性格的认识,深刻理解个人性格对于人际交往的影响,从而增强弥补自身性格中不足之处的意识。这节班会课有以下几个特点:

1. 主题聚焦体现了问题导向

这个主题针对的是预备年级学生性格发展中容易产生的问题。这个阶段正是儿童性格形成的巩固期,其中同伴关系会对其产生一定的影响。研究表明,同伴关系的好坏与儿童的自我概念有关,受同伴欢迎的儿童往往自我评价更为积极,而遭同伴拒绝的儿童却因其行为模式与他人相异,导致他们的自我认知水平也不同。儿童是在与他人的相互作用中,逐渐了解自我、确认自我,从而促进人格健康发展的。在具体教育实践中,学生或由于不能正确掌握交往方式而产生性格发展的偏差,或由于性格中的不足导致与同伴交往不顺利的现象时有发生。这些问题如得不到解决,将严重影响学生良好性格的养成和与同伴的交往。不少学校有关此类的教育主题往往倾向于传授学生与同伴交往的技巧,或对学生进行思想教育。这堂班会课却聚焦学生的不同性格特点,对症下药,以引导学生增强自我认知,进而达到问题解决的目的,体现了教师独特的教育视角。

2. 材料的选择促进了学生自我认知

这节班会的材料选择为班会目标的达成发挥了重要作用。首先,材料选择与班会目标高度一致。这节主题班会课的目标确立基于学生对不同性格特征,以及性格对于同伴交往的重要意义缺乏认识和理解,即通过引导学生了解不同性格的具体特征,认识性格对于个人成长的意义,理解个人良好性格的养成与同伴交往之间的内在联系,从而努力弥补自身性格中的不足。所选择的材料也始终围绕着班会的这一目标,比如,活动环节设计的小品表演,为学生直观认识不同性格的特征提供了条件;又如,让学生联系自己或他人,从身边同伴交往的事例中选择 10 种不受他人欢迎的言行,为引导学生自我认知和自我评价创设了问题情境。由于选材始终围绕学生自我认知的提升这一目标,因此使得班会内容与主题的目标融为有机整体。其次,选材充分体现适切性。这节主题班会课的目标是引导学生学会如何与同伴交往,但处在初中预备年级阶段的学生与同伴交往显然与成人交友有明显的不同,必须选择贴近学生生活,学生能够感知的材料,才能使其有共鸣,有感悟。这节主题班会课选材的特点之一,就是从学生日常与同伴交往的事例入手。如班会活动过程中的小品表演和学生投票选出的不受欢迎的言行,使学生既看到了不同性格的同学与同伴交往的差异,又看到了自己的性格特点以及与同伴交往的表现,进而对性格之于同伴交往的重要性有了深刻认识。选材的适切为提高主题班会的有效性创设了条件。最后,材料的选择为激发学生体悟创造了条件。由于所选材料的事迹都在日常生活中发生过,学生对此颇有体会,因此,材料的组配重在让学生联系并对照自己以往的言行,进一步认识自己的性格特点。材料的编排呈现出"辨识—反省—转换"的递进模式,即先通过小品表演的形式让学生从中辨识不同性格类型;接着,通过学生讨论与教师总结来引导学生联系自身表现进行反省,重新认识自我;最后,教师针对 10 种不受欢迎的言行,要求学生将其转化为以"我好,你也好"为原则的同伴交往的话语,使学生从自信果断型的性格特点中得到启悟,学会与同伴交往。由于材料安排符合学生接纳与纠偏的心理规律,因而为引发其深入思考和真切感悟起到了助推作用。

3. 形式多样的活动增强了学生自主意识

材料的选择充分关注学生的年龄特点和认知水平,有利于实现班会内容与形式的协调统一。这堂主题班会课采用了学生喜闻乐见的形式,包括表演、分享表达和行动力作业等活动。例如,表演是最适合儿童的形式,班会上学生表演小品,既为他们展现自我提供了机会,又加深了他们对同伴交往的认识程度,增强了在表演中的合作能力。分享是在群体探讨的基础上进行的,然后归纳小组共同的观点、立场和看法。刚进入初中的学生都乐于发表自己的想法,大家各抒己见。但是要形成全组的一致意见,则需要一定的归纳和概括能力,还需要论辩与商讨,这是一种更高层次的同伴合作与接纳。因而分享活动不仅满足了学生对自我认知的好奇,也为他们挑战自我提供了尝试的契机。而恰当的言语表达则是为了更好地让学生表达自己思考的结果,并深刻地认识到这也是与同伴关系良好发展的一种重要途径。班会最后环节精心设计的行动力作业,帮助学生实现认知和实践的统一,使主题班会的效应由课内延伸至课外。由此可见,精心选择适切的材料,合理安排活动的过程,精心设计活动的形式,既是拉近学生和教育主题之间距离的有效手段,也是达成教育目标的重要保证。

（三）教师的反思

从目标达成度上来看,班会主题从实际出发,有的放矢,有针对性地对学生进行思想、心理方面的指导和教育。在深入的思考讨论中,学生有旁观也有参与,有心动也有行动,有合作也有自省。班会目标基本达成。

从内容适切度上来看,针对初中预备年级学生的年龄特点和现状分析,发现和梳理学生在同伴接纳中出现的种种问题,选择恰当的材料作为主题教育的内容。

从主题班会的活动过程和学生最后的认识转变来看,主题的内容和材料选择切合学生当下的认知水平。

从班会过程看,活动的设计符合学生认知提升的逻辑,认识、辨析、反思、转化,层层推进。尤其是言行转换的环节,为学生如何与同伴交往提供了重要启示。

本节班会的不足之处在于,未能将呈现问题的"成长拼图"改为不设问题的"成长足迹",因此未能进一步发挥学生的想象力和创造力,真正达到自我反思的目的。

（四）案例的拓展延伸

1. 选材的路径可以不断拓宽

围绕同伴接纳这一话题,在选材上还可不断拓宽路径,但凡切合学生年龄心理,贴近学生生活的,都可以选作话题讨论的材料。例如:

（1）传统文化典籍中的有关论述,如《论语》《弟子规》等;

（2）成语故事中的有关内容;

（3）影视作品(包括卡通片)中的人物和情节等。

2. 开展性格自我辨识小游戏

（1）让学生想一想,还知道哪些性格类型,这些性格类型又是如何影响人际关系的呢?(教师结合小游戏介绍多血质、粘液质、胆汁质、抑郁质四种性格类型)

（2）请学生查找资料,叙述有关十二生肖的故事,并介绍各个生肖的性格特点;

（3）让学生思考：星座与性格的关系。

这些性格辨识小游戏，一方面可以使教师更充分了解学生的不同性格特征；另一方面，也为我们引导学生开展同伴之间的正确交往提供有效的路径。

初二年级主题班会

（一）主题班会案例

主题：如果爱——从异性友谊谈起。

教育背景：

步入青春期的学生在与异性交往时，一方面表现出不安、羞涩和表面上的反感；另一方面内心又关心、向往甚至爱慕异性，渴望与异性接近，喜欢悄悄议论异性，这是青春期少男少女的普遍现象。与异性交往有利于情感的交流、智力的互补、个性的塑造和心理的健康，因此对每一个人来说，拥有异性的友谊是正常和必需的。但是并非所有步入青春期的学生都能处理好与异性的关系，往往会由于缺少正确的方法，以及心智的不成熟导致身心的创伤。这种情况的发生，将会给初中学生的心理健康和个性发展带来不同程度的影响。

实践表明，青少年由于心智和情感等多方面的因素，与异性交往存在不少弊端，如一旦早恋，必定为此耗费许多时间和精力，难以专心学习，成绩也逐渐下降，严重的甚至荒废了学业。此外，早恋还会影响身体健康，恋爱者常有"一日不见，如隔三秋"之感，甚至"为伊消得人憔悴"，而失恋者更是痛不欲生，常常不吃不喝不睡，这种情况必然会对身体的正常发育造成损害。因而针对初中学生中这种较为普遍存在的现象，教师需要进行有效引导。

不少教育案例启示我们，如果能够引导初中学生正确处理与异性的交往，为其提供一个异性正常交往的环境或者氛围，将有助于他们心智的成熟，从而为成年之后与异性交往奠定基础。如果只是简单地禁止，那么学生对异性的好奇心反而被强化，更容易导致那些意志力不强的学生在异性交往中出现问题。意志力较强的学生，可能由于长时间的自我压抑，导致心情焦虑，严重的也可能产生心理问题。这些都表明引导初中学生进行异性正常交往的必要性。因此，主题班会可以引发学生对这个问题进行思考，提升自我认知。

教育目标：

1. 通过案例分享,正确认识健康的心理对于异性交往的重要意义。

2. 引导学生正视自身成长过程中的异性友谊,正确看待异性交往中的情感困惑。

实施过程：

1. 导入与铺垫

播放视频:学生因早恋引发跳楼最后成功被营救。

设计意图:通过观看视频,引发学生对于异性交往话题的兴趣,进而引出本节班会的主题。

思考:你如何看待视频中主人公的行为? 你又是如何看待异性友谊的?

通过视频展示,让学生直面不正确的异性交往所造成的严重后果,给学生以强烈的视觉和心理冲击。学生对异性之间不正常的交往有了感性认识,他们认为,这样不仅会对学习造成危害,甚至还可能对生活造成很大影响。因此,应当正确看待异性交往,建立异性之间纯真的友谊。教师由此引出班会主题:如果爱——从异性友谊谈起。

2. 展开与深化

活动一:情景再现。

设计意图:通过直观的情景再现,引导学生认识初中学生与异性交往的一般心理特征。

以展示学生异性交往过程中出现的五种情景引入。

这五种情景分别是:小雯人缘非常好,不管是男生女生,都愿意和她交朋友;小黄性格偏内向,平时不善言辞,因此在班中总是被忽视,但是她内心很渴望与大家交朋友,因此非常苦恼;小蓓与班中一男生关系很好,曾经在学习上互相帮助,一同进步,但是由于交往过密,逐渐影响到了学习和生活,为此她总是心情沮丧;萱萱与一男生关系好,却总是被同学取笑,于是那位男生渐渐疏远她,她非常在意那个男生对自己的看法,为此她很难过;班中有一个学生总是向老师反映男女生之间谁喜欢谁。

针对这五种情景,学生展开了热烈的讨论交流。学生纷纷表示对小雯的美慕,她性格豁达开朗,能和同学都保持友谊。但学生在讨论时也提到,小雯如果将个人精力过度使用在社交方面,恐怕学习时间就少了。对于小黄的问题,学生普遍认为她不够自信。这种现象在步入青春期的学生中较普遍地存在,需要自我调节,同时也需要周围环境的宽容。小黄渴望和异性交往,但由于不自信,和异性交往时总觉得不自然,甚至连手脚都不知道该怎么放,这体现出她内心的恐惧。久而久之就会产生挫败感,对其和同学的正常交往乃至学业都将产生不利的影响。至于小蓓,学生认为是她的心思发生了变化,原本两个人只谈学业和共同的文学爱好,异性交往情感美好而单纯,心思集中而专一。后来两人逐渐交往过密了,经常一起看电影或散步,因而小蓓的心思涣散了,结果导致成绩的下降。学生交流后,教师也发表了自己的观点,小蓓和男同学之间的异性交往之所以会产生问题,是由于两个人还缺乏拿捏好异性之间交往分寸的能力。加之处在青春期的女孩子感情比较脆弱,在恋爱过程中一旦出现矛盾或摩擦,就会留下心灵的创伤。有些女生由于承受不了这种打击,就会灰心丧气,甚至丧失对生活的信心,感到前途渺茫,进而破罐子破摔,自暴自弃。对于萱萱和那位爱打小报告的男生,学生大多认为萱萱要摆脱沮丧的心情,可以采取两种方式,一是和那位男生开诚布公地谈一次;二是不必太在意别人的看法。对那位爱打小报告的男生,学生们认为,这位男生其实是对异性交往感兴趣,打小报告只是个幌子,这样可以名正言顺地谈论异性交往的话题。教师对此作了补充,不管是萱萱还是那位男生的行为,都不同程度地反映了初中学生在面对异性交往所产生的好奇心、神秘感和逆反心理。如果不能理智地看待这个问题,就会影响我们的学习和生活。所以我们应当通过男女同学正常交往来破除这种好奇心、神秘感,克服逆反心理,不断走向成熟。

活动二:如何把握"度"?

设计意图:通过思考讨论,引导学生深入理解应当如何把握异性同学交往的"度"。

经过对异性交往过程中五种现象的分析讨论,学生对如何把握交往的"度"也有了一定的认识。他们是这样归纳的:"度"是指适度。一是异性同学交往应当有广泛度,不应是特定的一男一女,不提倡"专一",以免双双陷入早恋的误区;

二是异性同学交往的时间长度要合适,不能影响学习和生活;三是异性同学交往的频度不能高。学生的讨论归纳表明:他们对于异性同学交往中应当把握的"度"有了基本的认识。

3. 总结与提升

设计意图:升华主题,引导学生正视自己成长过程中遇到的异性交往问题,理解正常的异性同学交往是结成异性友谊的基础,也是初中学生走向心智成熟、身心健康发展的重要经历。

针对学生围绕着友谊和异性交往问题的热烈探讨和交流分享,教师对班会活动从两方面作出总结:一是怎样理解异性友谊。针对学生在这方面还可能存在的模糊认识,教师引导学生首先必须清楚认识异性友谊与爱情的区别。不可否认,异性友谊与爱情有相互交叉的成分,如"朋友式的关爱"。但我们更要看到异性友谊不同于爱情的显著特征,那就是彼此间的分享与交流。因此,异性同学之间结成友谊,应当以学习、生活、思想等方面的分享与交流为原则,这样才能促进双方的成熟与进步。二是如何把握异性交往的"度"。基于学生对于"度"的现有理解,教师引导学生进一步理解与异性同学交往的两个尺度。其一,把握主动和被动的尺度,在不影响个人空间、不影响与其他同学交往、不影响未来的交往这三个前提下,注意交往的适度;其二,把握付出与接纳的尺度,男女生性别特质不同,所以在建立友谊的同时,也要有能承担的心态与理智。教师的总结既提升了学生的认知,也为学生学会与异性交往作了针对性的指导。

(二) 案例评述

该主题属于人际交往范畴,对于处在青春期的初中学生而言,就是异性同伴交往的问题,而引导学生正确处理异性同伴交往的问题,对初中学生成长具有重要意义。这节班会课呈现了以下几个特点:

1. 聚焦敏感话题,引导认知提升

这节班会围绕着异性友谊和异性交往这个话题展开。这是步入青春期的初中学生成长过程中的敏感话题,也是值得探讨的话题,它对初中学生的健康成长具有重要意义。异性交往是人类社会生活不可或缺的重要部分,步入青春期的初中学生渴望、喜欢和异性同学交往,这是心理、生理走上成熟的重要标志。然而由于心智尚未成熟,社会阅历缺乏,他们对于如何结成异性友谊,如何区分异性友谊和爱情,还存在着不少模糊的认识,在交往中难以把握分寸。处理不好与异性同学的交往,往往会对他们的心理造成负面影响,影响正常生活。这节班会从初中学生的认知特点和生活实际出发,针对异性友谊这个青春期学生成长绕不开的话题,尊重学生心理成长的规律,通过积极有效的引导,提高了学生的认知,使其对于如何正确把握异性交往的"度",不越出异性交往的界限,有了进一步的理解,从而为提高人际交往能力打下基础。

2. 材料选择注重体验感悟

初中学生受年龄和心智等所限,在处理异性交往的关系时容易产生种种困惑,稍有不慎,就会陷入早恋的误区。因此,要消除学生对异性交往存在的误区,仅靠说教和灌输恐收效甚微,必须创设引导学生体验感悟、引发情感共鸣的情境,让学生深入思考异性交往应当坚持哪些原则,采取怎样的方式,同时又能清醒认识哪些是不当行为。本节班会课的材料选择在引导学生主动体验感悟方面发挥了重要作用,充分体现了材料选择的适切性原则。首先,所选材料均来自同龄学生,贴近学生的生活和思想实际,这就为其思考感悟创设了情境。比如,班会导入环节的视频播放,给学生以强烈的内心冲击;又如,有关异性同学交往的五种情形,使学生感同身受。由此,班会在学生积极主动的思考讨论中朝着目标步步推进,体现了主题教育的实效性。其次,所选材料为厘清学生在异性同学交往方面存在的模糊认识,解答他们的困惑,架构了有效载体。通过材料选择,把学生在日常异性同学交往中的表现,针对不同的情感动机归纳出五种情形,要求学生对这五种情形背后的不同情感动机进行分析,并指出需要引起注意和改正的地方。这就为引导学生联系自身思考感悟,也为学生进一步理解如何把握异性交往的"度",建立异性友谊架构了有效载体。最后,材料的选择为教师深入了解学生的情感倾向创造了条件。学生对五种情形的分析,也透露出他们不同的个性和情感特点。换句话说,学生分析其他同学异性交往现象的过程,也是不同程度地袒露自我内心情感动机的过程。而这又恰恰为教师有针对性地对学生进行引导提供了依据。

3. 升华主题促进学生知行合一

异性交往是步入青春期的中学生心理健康成长的重要话题。通过主题班会,不仅要解决认识问题,更要引导学生在日常学习生活中正确把握异性交往的原则和分寸。在学生充分讨论交流的基础上,教师总结提炼、升华主题,体现了引导学生自我教育、自主发展的教育理念。如对于如何把握异性交往的"度",在教师引导的基础上,学生讨论并归纳出三条原则:注意异性同学交往广泛度、控制异性同学交往的时间长度、降低异性同学交往的频度。在班会最后的总结环节,教师再次告诫学生要把握两个尺度:一是把握主动与被动的尺度,注意异性同学交往的适度;二是把握付出与接纳的尺度,在建立异性友谊的同时,也要有能担当的心态和理智。教师的总结既升华了班会主题,也充分体现了学生主体、教师主导的教育原则,强化了学生对主题的认知和理解,为促进学生知行合一奠定了基础。

(三) 教师的反思

从目标达成度看,整节课围绕"异性友谊"展开,辐射广泛,角度多样,每一个角度的情境设计都能有效折射出学生当下的情感困惑,从不同的案例辨析中,引导学生逐渐理解异性交往的方式和尺度,最后达成目标。

从内容适切度看,针对学生情感困惑的现状,选择"异性友谊"作为教育主题,重在探讨和解决青少年在成长中遇到的异性交往问题。学生通过具体案例的讨论分析,发现了自身的困惑,从而产生共鸣,引发思考与感悟。从这堂课探讨分享的结果来看,主题内容选择切合学生的认知水平和接纳能力。

从活动过程看,从开始的案例引入到后面的探讨,学生始终是班会的主体。他们有的道出了大家共同的困惑,有的进行了理性分析,还有的从中获得了借鉴和启示。整节班会课气氛活跃,学生参与度高,对结成异性友谊的话题进行了充分讨论与反思。

不足之处在于由于时间限制,有些案例的探讨比较急促,不够充分深入。

(四) 案例的拓展延伸

1. 选材的路径可以不断拓宽

围绕友谊这一话题,在选材上还可不断拓宽路径,可从以下几个方面入手:

(1) 影视剧中的同龄人故事,如《十六岁的花季》等。

(2) 诗歌熏陶引导,如汪国真的《妙龄时光》、舒婷的《致橡树》、席慕蓉的《青春》等。

2. 丰富活动形式

（1）原则大比拼

教师可以引导学生谨记异性交往应遵循的原则，引导学生树立正确的异性交往观。例如：

自然得体：言语、表情、行为举止及情感流露要自然，既不过分夸张，也不闪烁其词；既不盲目冲动，也不矫揉造作。要恰当地表现自己，不必过分拘谨，也不过于随便。

相互尊重：交往中要尊重对方，言行要留有余地，不能毫无顾忌，男生充分尊重和照顾女生，女生也要学会自尊、自爱、自重。要注意尊重别人的隐私，不伤害对方的自尊心。

保持独立：要有独立性，不能过分依赖朋友。每个人都应有自己的心理空间，要学会独立思考。异性交往最好保持群体模式和公开模式，尽量避免或减少秘密的、单独的相处。

（2）开展问卷调查

例1：我是否在早恋？（认同的打"√"，不认同的打"×"）

① 我喜欢接近异性，与异性交往。（　　　）

② 我遇事喜欢向异性倾诉。（　　　）

③ 和异性交往时，我总感到拘束、紧张或不安。（　　　）

④ 我总想见同一个异性。（　　　）

⑤ 我遇见过使我心神不宁的异性。（　　　）

⑥ 我觉得与异性一起学习效率会更高。（　　　）

⑦ 我经常不由自主地注意同一个异性的一举一动，很想接近他（她），无法集中精力学习。（　　　）

⑧ 我经常与同一个异性单独来往并出入隐秘场所。（　　　）

⑨ 我喜欢异性的欣赏，喜欢在异性面前表现自己。（　　　）

分析：认同①⑨都是正常的现象；认同②③⑥⑦有可能在暗恋某一人；认同⑧则要注意是否在早恋了；④⑤则是在考验我们面对早恋，要不要去做？应不应该做？

例 2：早恋的得与失

表 4 - 1　早恋的得与失

得	失
1. 可以满足自己情感的需要	1. 使自己的情感陷入两个人的狭小圈子,失去更广泛的情感体验
2. 得到异性的关心和呵护	2. 失去与更多同学交往的机会,在某种程度上使人际关系更加疏远,更感孤独
3. 可以互相帮助,共同提高	3. 中学生的自我控制、调节能力有限,"早恋"会带来更多的烦恼,使学习成绩下降
4. 恋爱有助于了解异性	4. 恋爱限制了与更多异性交往,阻碍了自己对异性更多、更广泛的了解
5. 恋爱是令人激动的,很浪漫	5. 使人冲动,心理承受力变弱,控制不好还容易发生越轨行为,导致严重后果
	6. 中学生缺乏对爱情的真正理解,情感不稳定,恋爱随意性大
	7. 面对恋爱中的摩擦和挫折,容易发生偏激行为

总结:一件事情我们应不应做,值不值得去做,须衡量利弊得失才能做出决定。早恋弊大于利、失多于得。当然,渴望美好的爱情并没有错,但俗话说得好:"什么季节开什么花。"如果中学时代就急于品尝"爱情"的甜蜜,可能会终生咀嚼后悔的苦果。十六七岁是多么美妙的年龄!青春期还不是爱情开花结果的时候,我们应该把握好这美好时光,去做我们这个年龄该做的事情,心中有爱不轻易去爱,守住那份青春的纯真。

专题 05

五

主题班会的过程设计

主题班会的过程即主题班会所经历的程序、步骤。主题班会的过程设计就是在主题班会实施前，为了实现一定的教育目标，预先筹划和组织实施过程，包括活动导入的过程与方式、主题展开与深化的方法，以及教师在班会结束时的总结提升的策略和形式等步骤。关注班会的过程设计对于主题班会的有效实施有着至关重要的作用。

《现代汉语词典》中"过程"的定义为：事情进行或事物发展所经过的程序。一般来说，过程指的是事物发展所经过的程序、步骤、阶段。"设计"指在正式做某项工作之前，根据一定的目的要求，预先制订方法、图样等。因此，主题班会的过程设计就是在主题班会实施前，为了实现一定的教育目标，预先筹划和组织实施过程，包括活动导入的过程与方式、主题展开与深化的方法，以及教师在班会结束时的总结提升的策略和形式等步骤。就如同上课需要进行教学设计一般，主题班会的过程设计也是必不可少的。关注班会的过程设计对于主题班会的有效实施有着至关重要的作用。

一、主题班会过程设计的意义

首先，班会过程的设计是优化班会实施过程的有效手段。

作为班主任教师，在筹备主题班会时或多或少都会有一些想法，有时是零散的构思，有时是突发的灵感，但是这些有用的信息就像是一地珍珠，或许颗颗闪亮、粒粒精彩，但是总体杂乱无章。对主题班会的过程进行设计能够为主题班会的顺利开展提供一个基本的思路框架。整个主题班会过程中什么时候该做什么，什么地方需要注意，各个环节如何架构，起承转合怎么处理等，这些都需要经过仔细的思量斟酌。对主题班会的过程进行设计有利于厘清主题班会的层次性和逻辑性，进一步优化班会实施过程，进而推动教育目标的实现。

其次，班会过程的设计是教育目标达成的重要保证。

精心设计主题班会的过程有助于实现立德树人的教育目标，真正达到教育学生的目的。主题班会也应该和其他任何学科课程一样，都要进行教案的设计，而不管怎么设计，最终都是为了实现教育目标。注重主题班会的过程设计有助于把握思想道德教育和学生全面发展总体方向的正确性，提高目标的达成度。

最后，班会过程的设计是教师教育能力和教育智慧的集中反映。

《现代汉语词典》中"智慧"即辨析判断、发明创造的能力。教育智慧即教师在教育过程中所体现的辨析判断、发明创新等方面的能力。对主题班会进行过程设计是对教师具体缜密的分析能力、创造能力的考验。它不是灵机一动的结果，也不是信手拈来的产物，而是在全面而深刻地了解学生的基础上的精心设计。主题班会的过程设计是否有创意、有特色既决定了教育的品质，也是教师形成自己的教育个性的前提条件。一节好的主题班会课是设计出来的，教师设计能力的高低，一定程度上决定了课的优劣。

二、主题班会过程设计的常见问题及误区

（一）脱离学情，与学生的认知发展过程不符

认知发展是指个体自出生后在适应环境的活动中，对事物的认知及面对问题情境时的思维方式与能力表现，随年龄增长而改变的历程。对于十多岁的中学生而言，由浅入深、由表入里、由外到内、由感性到理性、由现象到本质、由具体到抽象等是一般的认知规律。但是，在我们身边不乏这样的同行，教师本身拥有渊博的知识、独特的见解、高深的造诣，对学生也怀抱殷切希冀、充满浓浓爱心，但主题班会的最终目标却没有达成。比如，有教师在给初一学生安排主题班会时一上来就提出一个晦涩难懂的概念"自我效能感"，并对该概念进行一番冗长的解释："何谓自我效能感呢？从班杜拉的经典定义中可以得知，'自我效能感'是个体在完成任务时对自己能力的一种信念、信心，这种信念可以促使个体成功地执行一些行动、得到想要的结果。它是一种较复杂的心理素质，有生成性、动机性、动态性、情感性等特点。"结果班会一开始学生就表现出兴味索然的样子，整节主题班会的基调和氛围因此大打折扣。这种专业术语既深奥又抽象，学生很难理解，教师在对主题班会的过程进行设计时没有充分考虑到学生的年龄特点和认知特点，结果出现学生在心理和情感上始终游离在外的尴尬场景。

另外，一个时代有一个时代的特征，一个地方有一个地方的特征。虽然我们面临的学生永远都是花季雨季的少男少女，但是身处不同的时代和地域，同样年轻的他们，思想和观念却不尽相同。同样的主题班会，在不同的时期、不同的地方，产生的效果恐怕也是不一样的。

（二）活动堆砌，缺乏内在逻辑关联

任何设计都有一定的内容和形式。"内容"是构成设计存在的基础，被称为"设计的灵魂"；"形式"构成内容的结构、风格或设计语言等外部表达形式或表现手段。主题班会的开展并没有固定的模式，其形式可以多种多样。一般而言，为了凸显主题，激发学生兴趣、深化学生体验和实现价值引领，在班会过程设计中安排较多样的活动，同时在形式上作较多的思考和设计，这当然是必要的。有时一节主题班会课可以以一种形式贯穿全过程，有时会出现多种不同的表现形式，如诗朗诵、辩论、表演等穿插其中。但有些主题班会在实施过程中片面追求形式

的多样性,未能充分表达或深刻挖掘表达主题的内容。这种形式与内容的割裂,使得主题班会呈现出的只是表面的热闹,最终沦为一道"拼盘"菜肴。比如,一位高二班主任根据学情准备安排一节主题班会课,原因是处于这一时期的学生学业压力较大,作业的完成量及难度远超初中的简单应用,而班级中处于后段的学困生较多且平时学习态度散漫。针对这一现象,本节班会课希望通过引导学生放学回家后合理规划时间,提高学习效率。为此她在过程设计中安排了很多活动,包括分享放学回家实录→分析实录中的异同→观看清华大学马冬晗视频→设定目标→拟订计划→改进学习方法→改善学习环境→养成良好习惯,最后由两名学生分享家人关爱、家庭温暖的语段。这节主题班会课的内容不少,但实施过程的设计线索不清晰。教师的想法很多,却没有按一个清晰的逻辑线索对素材和活动内容进行筛选和组合,整体上给人一种凌乱的感觉,弱化甚至偏离了"回家后能够合理规划时间,提高学习效率"的教育目标。

（三）缺乏情境创设,学生体悟不足

如前所述,班会的过程设计是教师教育能力和教育智慧的集中反映,体现了教师立德树人的教育理念和循循善诱的教学素养。在实践中,两种做法需要引起注意:一是完全包办型。这样的班主任通常对学生的表现不太放心或是过于追求课堂的万无一失,班会的过程设计全部亲力亲为,学生在班会实施过程中只是道具,随时准备操作、表演。这样的班主任往往已经有多年的经验,他们通常觉得班会课搞得很热闹,但是效果并不见得有多好,还不如说教来得直接有效。这种过程设计的理念忽视了学生的主体和主动性。认知发展学说认为,学习是使学生主动形成认知结构的过程,是个主动积极的过程,要重视学生的主动性。另一种过程设计则正好相反。这类班主任为完全放手型,即班会过程全部由学生自行设计,班主任在班会实施过程中缺乏引导和适时纠偏,总结评价阶段蜻蜓点水泛泛而谈。这一现象表明班主任对教师在班会过程设计及班会实施过程中的主导作用认识不足。美国心理学家罗杰斯认为,作为学生学习的促进者,教师在教学中的作用表现为四个方面:帮助学生澄清自己想要学什么,帮助学生安排适宜的学习活动与材料,使他们发现所学内容之于个人的意义,维持某种滋育学习过程的心理氛围。上述两种过程设计以及实施过程模糊了班主任的角色定位,都没有使之成为"学生学习的促进者",其结果也必然影响主题班会的实效性。

三、主题班会过程设计的原则

主题班会的过程设计,学生是首要的考虑因素,要根据学生的学习和生活需要,对学生的特征进行分析。既要考虑整体特征,也要兼顾个体差异,思考班会活动给学生带来怎样的意义,能为学生的发展提供哪些帮助等,一切都要基于学生发展的需要。因此,在进行主题班会的过程设计时要充分关注以下因素:

图 5-1　主题班会过程设计的原则

(一) 符合学生的认知规律——学情为先

主题班会是班集体活动的基本形式,也是锻炼和培养学生组织、合作、表演、辩论、演讲等多方面能力的绝好机会。主题班会应当引导每个人都参与其中,充分表达,真诚分享。因此,在主题班会的过程设计中,教师必须充分认识到,学生不仅是主题教育的对象,而且应当是主题班会的组织者和参与者,甚至还是活动过程的创意者。主题班会的过程设计必须充分考虑学生的年龄、心理特点以及认知水平,过程中应设计形式多样的活动以满足学生的需要和实现教育目标的需要。著名教育学家苏霍姆林斯基说:"没有活动就没有教育。"活动是主题班会实施过程中不可或缺的因素,因而必须将活动设计放在过程设计的重要位置。需要强调的是,活动的形式应当是多样、生动、与学生年龄和心理特征相符的,同时也应当是学生喜闻乐见的,这样才能把主题教育的内容和形式有机统一起来,才可能收到理想的教育效果。此外,在班会过程设计中,还必须充分关注学生主体的体验,选择学生喜欢的、易于接受的、恰当的形式,营造和谐融洽的班会氛围。多年的班主任经验告诉我们,缺少活动的班级,人与人之间的关系往往比较疏远,适量的集体活动对班级凝聚力、集体认同感和归属感的培养是很有助益的。通过集体活动,教师和学生通常能发现大家在平时很少发现的另一面,学生再没有比在集体活动中显得更加活泼的时候了。

苏格拉底有句至理名言："教育不是灌输，而是点燃火焰。"总体而言，在设计过程时，要充分考虑学生由于年龄、阅历等主客观方面的原因，以及可能出现的认识偏差，或者观点上的分歧等情况，要有比较充分的灵活应对的方案，要从内容、活动和交流等方面优化过程设计，同时要有引导的策略安排。这样才能让学生首先欣然接受，继而通过思辨、探究、判断和选择，从中获得收益，进而努力实践。

（二）创设学生体验感悟的问题情境——体悟为重

"为何而教"在理论上是对教育本质的追问，旨在揭示学生将学到什么。化作具体的行为，则意味着教师应积极地创设学生体验感悟的问题情境，营造以学生为中心的班会氛围。所谓情境，就是事物发生的环境，包含人及其周围的环境两大因素。情境的新旧是相对于学生而言的，某个情境学生以前没有接触过，就是新情境，以前有所了解，就是旧情境了。创设情境不宜过于陈旧，关键是要激起学生的好奇或思考。所谓问题情境是指在主题班会过程的设计中将某些环节问题化、情境化，使学生通过体验、感悟完成教育目标。

学生的学习过程是一个接受式学习和体验式学习并重的过程，学生通过接受式学习获得系统的知识，即间接经验；体验式学习，则是以自身的尝试探究获得感悟，即直接经验的获取。而作为以引导学生自我认知、自我教育和自我发展为重要功能的主题班会，显然体验式学习更有助于学生把认知内化为自觉行为。学生认识水平的提高不是在接受理论说教的过程中实现的，而是在自主的探究体验中感悟的。现代教育学和心理学都着重强调教育的最佳境界，即教师能够利用各种教学手段和策略来制造、诱发认知冲突，以激发学生学习欲望，使其主动、积极地寻找办法来解决学习过程中遇到的难题，提升自己的认知水平。从这个意义上来说，创设学生体验感悟的问题情境，具有突出的教育价值和意义。

德育的实践已经证明，道德教育不应当是单向灌输与说教，需要创设相应的情境，让学生在深入体验、多向互动、互相观照之中激发道德动机、唤起情感共鸣、实现道德移情，进而提高认识、改变行为，将教育的要求内化为自觉的行为。此外，理想的主题班会应当触动学生的心弦，在过程设计中要注意通过具体事例的探讨，澄清学生对某些问题的模糊认识，而不是教育对象缺乏深入思考的被动接受。

（三）引导学生自我认识、自我教育——内化为上

主题班会过程设计的最终指向应该是引领学生实现情感的共鸣和思想的升华，并内化为个人的自觉行为。德国哲学家和教育家亚斯贝尔斯说："所谓教育，不过是人对人的主体间灵肉交流活动，包括知识内容的传授、生命内涵的领悟、意志行为的规范，并通过文化传递功能，将文化遗产教给年轻一代，使他们自由地生成，并启迪其自由天性。"要把引导学生自我认识、自我教育作为重要目的来思考，学生只有提升了自我认识、自我教育的能力，才能体现主题班会的价值。因此，班会过程设计中要重点关注这几个方面：一是要创设有效载体或问题情境，引导学生通过体验尝试，提高自我认知能力；二是设置具有思辨性的问题，引导学生在思辨过程中更加全面地理解问题，调整自己原先的想法，进而形成属于自己的相对合理的观点；三是在活动设计中为学生自我认知和自我教育提供参照对象，即引导学生在分享交流中，寻找和发现自己与其他同学存在的差异，发现各自的个性特长和存在的不足，进而对自己产生新的认识，完成自我教育的体验。这样，在思想分享、碰撞、选择和重新塑造的过程中，就会使班会的目标逐步内化为学生的自觉行为，从而使主题班会的成效得到充分显现。

四、主题班会过程设计的着力点

一般而言，主题班会包括三个阶段：准备阶段、实施阶段和总结阶段，具体包括教育背景、教育目标、活动准备、实施过程。主题班会的实施过程包括活动导入与铺垫、展开与深化、总结与提升三个阶段。

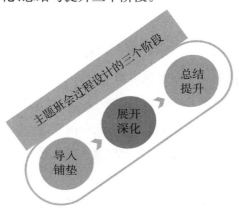

图 5-2　主题班会过程设计的三个阶段

对这三个阶段的设计要注重内在联系,层层推进,内容要丰富充实,避免空洞无物,实施环节的表述要简单、清晰、完整。重点说明这一环节是什么(有环节名称)、做什么(概述活动内容)、怎么做(简单描述教师和学生活动)、为什么(说明这一环节的设计意图和期望达成的效果)。实施过程的设计要体现可操作性,不能搞成娱乐表演,也不能写成实录。具体如下:

阶段一:导入与铺垫

导入和铺垫是主题班会实施阶段的第一个环节,过程设计中必须充分考虑如何采用有效形式,实施有效的导入和铺垫来激发学生参与主题班会的兴趣和热情。"凡起句当如爆竹,骤响易彻;结句当如撞钟,清音有余。"主题班会的开头要像平地一声雷那样,能迅速激发学生强烈的求知欲,使他们进入积极的思维状态。导入的方式有很多,一般常用的主要方法有:故事导入、视频导入、活动导入、问题情境导入,等等。

阶段二:展开与深化

这是在导入和铺垫基础上的推进,也是班会的主体部分,是过程设计中的重点。这一阶段的关键点在于,一是如何使多个环节之间严丝合缝,逐层展开,层层递进,步步深入;二是如何创设引导学生体悟的情境或载体,使学生通过这个阶段的活动有尝试、有发现、有转变、有提升。应把握好创设学生体验感悟的问题情境:第一,深刻理解教育目标,紧扣目标设计情境;第二,立足生活,便于学生接受新知;第三,内含冲突和问题,引发学生思维碰撞;第四,问题的难度应该符合学生的认知水平,贴近学生的"最近发展区";第五,融入情感,引发学生情感体验。

倘若过程设计中没有关注这些方面,那么主题班会的总结与提升就显得牵强附会,影响目标达成。比如,一节关于垃圾分类的主题班会课,教师在之前的环节中设计了"垃圾分类知识竞赛""垃圾分类我最棒的游戏"两个环节。学生积极参与知识竞答和垃圾分类游戏,整节课气氛活跃,热情洋溢,然而班会接着就直接进入《垃圾分类承诺书》和宣誓环节。虽然看起来学生全体参与其中,但这其实是被教师牵着鼻子走了。由于在过程设计中缺少引导,学生也没有对垃圾不分类的后果产生全面而深刻的认识,因而缺乏从感性走向理性认识,以及从外化于行到内化于心的心路历程,使得最后的环节看似达到了高潮,实则落入了简单粗暴的形式主义。

阶段三：总结与提升

主题班会犹如作诗作文，强调"凤头、猪肚、豹尾"六字，大致是开头要精彩，正文有内涵，结尾富力道。不论采用什么样的主题或与之相应的活动形式，结尾部分都需要有一个凸显主题的阶段，即对班会主题进行开掘和提升。主题提升的根本目的是引导学生在体验、探究、思考之后，对班会主题有更深层次的认识和理解，进而内化为自身的行为准则。

班会主题的总结与提升有这样一些作用：首先，总结的作用，即通过班会主题总结，力求让学生从中得到新的启迪；其次，厘清问题讨论中存在的分歧或认识上存在的误区，进一步提高认识；最后，引导学生将主题班会的要求和自己所获得的认识内化为自觉的行动追求，制订具体计划，在实践中提升自我，完善自我。

此外，在过程设计时还应考虑将班会效应向课外拓展与延伸的具体举措。如任务驱动、项目化学习、家校互动等方式，引导学生将认识与实践有机结合，在实践中反思、提高，从而凸显主题班会的教育功能。

五、案例分析

预备年级主题班会

（一）主题班会案例

主题：天生我材。

教育背景：

"天生我材必有用"是我们耳熟能详的一句话。但在实际生活中，很多学生往往没有真正理解这句话的含义，总爱拿自己的短处与别人的长处比较，也总爱给自己设置难度过高的任务，一旦失败，自信心便会受到不小的打击。如此循环，本来自信心强的学生也可能变得越来越不自信。因此，不断增强学生的自信，应当成为教育的重要使命。

教育目标：

帮助学生正确认识自我，发掘自己的潜能和长处，弥补自己的短处，逐步建立起自我效能感。

实施过程：

1. 导入与铺垫

设计意图：通过观看关于力克的视频，引导学生认识力克的能力，从而过渡到认真检视自己的能力。

以观看关于力克的视频引入班会的主题。

这节班会课从一个特殊男孩力克的成长故事开始。主人公叫力克，身体有残疾，生下来便没有四肢。在学校，同学们看到他会不知所措，用怪名字叫他，不和他玩。随着力克渐渐长大，他开始认识到尽管他没有四肢，但是他还是可以做很多事情，他仍然具有做好很多事情的能力。骑马、打鼓、游泳、足球，力克样样皆能。他拥有两个大学学位，是企业总监。他为人乐观幽默、坚毅不屈，热爱鼓励身边的人，年仅28岁，他已踏遍世界各地，接触逾百万人，激励和启发他们的人生。在成长中，他学会了怎样应对自身的不足，而且开始做越来越多的事情。他开始适应他的生存环境，找到方法完成其他人必须要用手足才可以完成的事情，如刷牙、洗头、打电脑、游泳、做运动等。2005年，力克被授予"澳大利亚年度青年"的荣誉称号。通过自己人生的点点滴滴、令人难以置信的幽默和与人沟通的惊人能力，力克深受青少年儿童的喜爱，他是真正使人备受鼓舞的演说家。

观看视频后，教师问学生对视频中的哪些片段有所感触。有的学生说是力克的勇敢、坚强、乐观、努力；有的学生说是力克的坚持，以及始终如一的乐观。接着教师又问学生，力克是怎样度过他生活的每一天的，同时在PPT上呈现力克日常生活的一些图片。看完之后，有的学生表示很惊讶，感到力克很热爱生活；有的学生看到了他的坚强和乐观；也有的学生认为人与人是不一样的，关键是我们如何看待自己；也有些学生认为，力克能够做到正视自己，相信天生我材，因而对力克表示由衷的佩服。针对学生的感言，教师告诉学生：每个人的能力不一样，有些人在某些方面能力较强，而在其他方面的能力则较弱。大家有理由相信"天生我材必有用""十个手指有长短"，每个同学都应该认真检视自己的能力，取长补短，不断进步，做更好的自己。

2. 展开与深化

设计意图：通过活动辨识不同领域的自我效能感，并让学生有展示自己的舞台，帮助学生认识到天生我材的重要性。

个人创作活动——"星光大道"。活动步骤如下：

（1）教师派发工作纸。

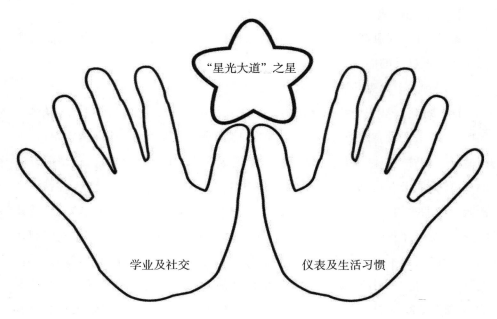

图 5-3 "星光大道"之星

（2）学生在工作纸 10 个手指的位置上填写自己能够做的事情，手指的长短代表不同能力的高低。写在拇指上指代最有把握做好的事情，而写在小拇指则指代较难做好的事情。

（3）学生在工作纸的左手上填写相信自己具有的学业和社交能力；在右手上填写相信自己具有的仪表和生活习惯能力。

（4）教师提示学生：有些能力常常被我们忽视，如跑步、走路、健谈等。

（5）教师请学生分享工作纸上的内容。

在这个过程中，教师请学生对自己的能力进行分享，主要挑选几位平时比较自卑、内向、沉默寡言的学生。然后教师提出，既然大家有那么多优点，有那么多长处，希望同学们能够在大家面前露一手。接着学生表演了之前准备的才艺节目，有学生演唱陈奕迅的《十年》，有学生表演民族舞蹈《雀之灵》，有学生朗诵《前赤壁赋》，最后是朗诵《欣赏自己》：

也许你想成为太阳，也许你想成为一棵大树。

如果做不了太阳，就做星星吧，

在天空的一角发光；

如果做不了大树,就做小草吧,

以自己的绿色装点希望;

亲爱的朋友,欣赏自己吧!

因为你有比别人更美好的地方。

在才艺表演中,学生对自信心的增强有了真切的体验,对自己的长处和不足有了进一步的认识。

3. 总结和提升

设计意图:再次强调提高自我认知能力和增强自信力的重要性。

教师对班会活动进行总结:刚才呈现的视频故事是一个非常典型的自我激励、自我相信的故事。主人公力克从小残疾,周围很多人都觉得他这一生将一事无成,就连他自己在 8 岁的时候,也认为自己不会结婚,不会有小孩。但尽管处在这样极端恶劣的境遇里,力克仍然能够找到自己能力所及的事情,并做得有声有色。这是因为他不仅具备清醒、客观的自我认知能力,而且具备建立在自我认知基础之上的充分的自信。每个人的能力不一样,有些人在某些方面能力较强,但在其他方面的能力则较弱。所以同学们应该更好地认识自己,扬长避短,不断发展自己。

正是这份自我认知和自信,使得力克成为自我效能感很高的人生赢家。我们很多学生,在与周围的一些同学相比之后,往往认为自己的能力、外表不如其他同学,进而产生自卑的心理状态。通过力克的故事,可以进一步启发我们思考自信心的重要性。生活中总会遇到许多的困难,也会有许多的烦恼,希望你们学会欣赏自己,增强自信心的同时学会自我调节,保持快乐的心情,用灿烂的笑容面对美好的人生。

(二) 案例评述

班会的过程设计是班会过程顺利实施的必要条件。从这节班会的实施过程来看,其过程设计体现了以下特点:

1. 过程设计适合学生的年龄和心理特点,引导学生自我认识

比如,班会导入阶段播放关于力克的视频,力克作为一个和学生同龄,但人生经历却和他们极其不同的男孩,牢牢抓住了学生的眼球,极易触动学生的内心。再如,"星光大道"节目为学生熟知,教师借鉴"星光大道"的方式引导学生通

过活动,增强对自我的认识,让学生辨别哪些事情是自己力所能及的,哪些事情是超出能力范围的。有能力完成的事情,要充满信心地去做,能力不够,也要尝试着去做,即使失败,也不能轻易怀疑自己,自怨自艾。另外,对于一些容易产生自卑情绪的学生,教师特别强调有一些常常被我们忽略掉的能力,如同力克所没有的而我们所具有的走路、跑步、握手的能力等,让学生意识到"天生我材",不是我没有能力,而是我没有发现。总之,教师既考虑到这个年龄阶段学生的普遍特征,也兼顾了学生的个体差异,因而过程设计为过程实施和学生认知的深化创设了有利条件。

2. 过程设计注重情境和活动的创设,促进学生体验感悟

班会先通过观看同龄人力克的视频以及交流讨论,引导学生学习力克正视困难与挫折,勇敢地面对自身的处境,继而带领学生进入认识自我的情境。让学生在工作纸 10 个手指的位置上填写自己能够做的事情,手指的长短代表不同能力的高低,从而驱动学生进入思考模式即认识自我环节。然后通过学生讨论、教师总结等方式,强调认识到"天生我材"的重要性。教师的过程设计各环节衔接紧密、螺旋递升、巧妙驱动的教学模式为学生思考讨论创设了情境,促进了学生体验感悟。与此同时,班会过程中活动多样,学生参与度高。导入阶段播放视频,展开讨论。"星光大道"活动做到学生全员参与,从自己动手写到自己开口说,到最后表演才艺,每位学生都是活动的主角。多样的表达方式,尤其是多种手段的运用,不但能有效激发学生的参与愿望,而且为学生拓展了更为丰富、更为开阔的空间,让学生在活动中体验自信的快乐,感悟自信的重要性,从而帮助学生培养和树立其自信心。

3. 过程设计着眼主题升华,激励学生树立自信

每个人都有各自擅长的领域和能力,就如同 10 根指头不可能一样长,有长处就必然有短处,某一方面的自我效能感较低,也并不代表就是个失败者。关键是要建立并提高自我效能感,面对任何事情,无论困难与否,都能够树立自信,坦然面对成功与失败。本节班会课在过程实施的总结提升阶段,教师的总结为激励学生树立自信起到了画龙点睛的作用。首先,注重引导学生相信天生我材必有用。其次,注重引导学生进行自我评估,以便正视自己。教师引导学生正确地认识自身长处和不足,在日常学习的过程中做到发扬优点,克服缺点,真正找到学习成功或者失败的原因。最后,引导学生树立积极乐观的学习态度,促使学生

继续努力。

简而言之,整节主题班会课的实施过程充分体现了学生的主体地位,学生在活动中体验,在体验中感悟,在感悟中成长。由此可见,本节班会课的过程设计充分关注引导学生正确认识自我,发掘自己的潜能和长处,弥补自己的短处,从而建立起自信心,追求自主发展。这是本节主题班会课教育成效得以显现的重要因素。

（三）教师的反思

从学生的反馈来看,学生未能清楚地了解自己的兴趣特长,对自己的未来还缺少基本的规划和思考。这些启示我们,这节班会课仅仅是一个开始,自信心的建立与不断增强,需要在长期的学习生活和实践锻炼中才能逐步实现。

（四）案例的拓展延伸

针对学生存在的不同的自我效能感问题,教师应当先帮助学生找到问题,然后针对具体的问题,有的放矢地为学生提出解决方案。最后根据学生的实际情况,让学生学会根据自己的具体情况制订切实可行的计划。教师也可以尝试采取一些切实可行的办法。比如:

1. 优点轰炸,找自信

美国一座黑人教堂的墙上刻着这样一句话:"在这个世界上,你是独一无二的一个,生下来你是什么,这是上帝给你的礼物;你将成为什么,这是你给上帝的礼物。"因此,可以设计借助他人赏识自己的活动。在这个环节中,学生先分组赏识,再让个别同学赏识某个人,赏识别人的态度一定要诚恳,要说真话,要亲切热情。教师要适时地把目光投向平时不自信的学生,让他来赏识别人或让别人赏识他,从而使其增强快乐体验,增强自信。通过活动要让学生知道,当我们用真心和诚意赏识别人时,实际是帮助别人树立信心,同时也为自己找到自信的镜子。

2. 教师激情演说

阿基米德曾说:"给我一个支点,我就能撬起地球。"给灵魂一个支点,就可以撬开幸福和成功的大门,那个支点就是自信心。自信心是每个人对自己的价值和优势的正确恰当的评价。如果你为自己的容貌、学习成绩、家庭出身等不如意而自卑,如果你感到前途渺茫、举步维艰,老师希望你能记住:世上没有完全相同的两片叶子,每个人都是独特的个体,我们要在任何的困难面前满怀信心。我们无法选择生命的起点,但是我们可以选择生命的终点。相信自己,你将赢得胜利,创造奇迹;相信自己,梦想在你手中,这是你的天地;相信自己,你将超越极限,超越自己。

初二年级主题班会

(一) 主题班会案例

主题:瘦身男女。

教育背景:

中学生正处于身体发育成长的时期,如果没有家长、社会、教师的正确引导,很容易对外貌及体型产生错误的衡量标准。对自身形象的关注,有可能始于别人对其外表的负面评论。有些缺乏父母关爱的孩子,为更多地获得父母的关注,也会引发此类问题。此外,媒体的影响、周围同伴的灌输,都有可能会催化这种情况的产生。

教育目标:

增强学生独立思考的意识和判断事物好坏结果的能力,使学生学会分辨从众心理,逐步培养分辨正面社会制约和负面社会制约的能力,提升道德抉择力,形成积极向上的价值观。

实施过程:

1. 导入与铺垫

设计意图:从中学生关注的"颜值"问题导入,选择几位有名的公众人物的言论,调动学生的参与热情和兴趣,引出班会的主题。

小组竞赛:猜一猜这些幽默诙谐的"自我评价"来自哪位名人?

材料1:"我也不比别人多一个脑袋,人又瘦,还那么丑。不过我觉得一个男人的长相和他的智慧是成反比的。"(马云)

材料2:他才华横溢,琴棋书画样样精通,学生时期是体育全能,探戈高手;他饱读诗书,季羡林赞他可胜任北大的研究生导师,与钱锺书是忘年之交;他说他只是个戏子。他曾这样调侃自己:"与年轻人飙戏,我唯一比他们帅的地方,大概就是我比较'老'吧?"(陈道明)

……

看完材料,由各组学生抢答竞猜,在学生回答的基础上,教师设问:美国的剧作家、小说家马尔兹曾经说过,约有 90% 的人会对自己的外表有所不满。在成长的过程中,你是否也曾对自己的外貌或是形体产生过困惑,试图改变自己呢?

2. 展开与深化

活动一:案例分享与讨论。

设计意图:通过对两位同龄人是否需要减肥的话题进行小组讨论,提出观点和依据,并对这些观点进行深层次的剖析,进而得出结论。

主角一:小 S 同学(女生)今年 15 岁,体重 55 kg,身高 172 cm,身边的朋友时不时地嘲笑她肥胖,而她自己也很认同他们的看法,想要通过减肥做出改变。但是,她的家人却有着跟其他人不一样的看法:觉得她太瘦,叫她不要减肥。她该如何抉择?

主角二:小 T 同学(男生)今年 17 岁,体重 80 kg,身高 175 cm,身边的朋友都取笑他太胖,就连他的家人都叫他减肥,但是小 T 却认为自己的身形很标准,还没有到需要减肥的地步。但是,他又担心,如果不听取朋友们的意见,会不会失去友谊呢? 他正处于矛盾中,不知道究竟要不要听从大家的建议去减肥。

介绍案例之后,教师将学生分成四个大组,两组学生分别劝说小 S 和小 T 减肥,另两组学生则持相反观点。请各组学生在海报上列出己方阵营的观点及理由。

在讨论交流的过程中,学生们认为小 S 同学不需要减肥,有的学生觉得身高 172 cm,体重 55 kg,应该是属于非常苗条的身材;有的学生认为她家人也让她不要减肥,说明她一点都不胖。在此过程中,教师提示:"肥胖到什么程度才应该减肥? 有没有更具体的依据?"学生回答:"好像有一个 BMI 指标,通过一些小计算,就能很清楚地知道我们的体型是否正常,是否有必要改变自己的形体。"针对学生的讨论,教师启发大家进一步思考,其实并不是越瘦越美。相反,我们生活中有一些其他的不良习惯倒是会影响我们的美观。你们能想到有哪些生活习惯吗? 学生回答:"比如熬夜啊,缺乏运动啊,坐姿不对啊,等等。"接着大家讨论小 T 同学是否需要减肥。有的学生说通过 BMI 指数计算,小 T 的体重对于他的年龄来说严重超标了,的确应该减肥;有的学生认为肥胖会影响到我们生活的方方面面,除了对我们的健康有影响,对我们的人际交往也会造成困扰。此时教师再顺势提问:"如果小T下定决心减肥,大家有什么建议给他?"有的学生认为减肥的最大敌人就是暴饮暴食,一旦开始减肥就要注意自己的饮食;有的学生认为开始减肥就要坚持下去,不然反弹的话会变得更胖;有的学生提出减肥也要适度,也要注意方式方法,不能为了瘦身而影响健康;还有的学生提出外貌本来就是爸爸妈妈赋予我们的,如果把自己都改变了,就活成别人了,有很多年轻人为了打扮,花很多钱去整容,这样不但没有好处,还会入不敷出。讨论之后,教师请学生为小T制订一套切实可行的瘦身计划。

活动二:新闻播报与交流。

设计意图:通过分享一则新闻,了解当今赴韩整容人群的心理和驱动力,进而思考社会制约对个体决策的影响。引导学生在面临类似问题时,能形成自己正确的评判标准,不为社会制约所辖制。

阅读新闻报道,然后进行讨论交流:谈一谈看完新闻报道后的感想,为什么会有这么多人明知道可能会对自己的身体造成很大伤害,甚至留下一辈子的阴影,还是义无反顾地走上整形的道路?

一项对上海多家整形美容医院的调查显示,2017年暑期整容的大学生中,75%是女生,25%是男生,从增长速度来看,女生同比增长约10%,而男生同比增长更为明显,约在两成以上。

记者在北京、天津、南京三所大学随机采访207名学生发现,16%以上的人表示想要整容,191位学生认为,长得美的人在求学和求职过程中获得了更多机遇。

对于整容人数逐渐增加的原因,59.7%的受访者认为是受到"以貌取人"观念的影响;38.0%的受访者认为整容能够增加印象分,增强个人竞争力;还有22.5%的受访者表示希望通过改善外在形象来寻找更好的恋爱对象。由此看来,改变相貌、增加自己的社会认可度,是最集中的整容原因。

"整形手术修复难度比较大,有些甚至难以修复,个别患者可能会毁容。"张斌在接受采访时说。据中国消费者协会统计,美容领域已连续多年成为消费者投诉热点之一,中国整容整形业兴起的近10年中,因美容整形毁容毁形的投诉平均每年近两万起,10年间已有近20万张脸被毁掉。

陕西省社科院研究员张燕指出,很多年轻人都不甘平庸。在这个"看脸"、拼"颜值"的社会,他们缺乏正确的自我认知,缺乏自信和积极的人生观、价值观。

与其对自己的容貌精益求精,不如改变头脑、提升人品,毕竟智慧、品德比美貌更可靠。

——摘自《中国青年报》

看完新闻报道,有的学生认为,是因为有些人过度关注自己的外貌,对自己的要求太高,才会一次次地整形;有的学生认为有些人还会整形成瘾;而有的学生则认为有些人可能受到周围人的影响,如家人、朋友,甚至受到一些明星整形成功的影响;还有学生提到当今的社会导向也发挥了一定的作用,因为形象好的话,可能对入学和就业都有帮助。教师接着追问:面临这样的选择时,我们是否应该跟着大潮流走呢?有的学生认为要取决于这股"大潮流"是否积极向上,比如说,现在以瘦为美就不太好,还有不少人因此患了厌食症;网络主播行业从业者,也都是以瘦为美。至于有没有积极的潮流这一问题,学生表示有并举出具体的例子。比如,现在倡导保护环境,热爱我们生活的地球;还有那些呼吁要运动,保持良好心态的建议。在学生充分讨论的基础上,教师引出"社会制约"的概念,帮助学生渡越知识瓶颈。然后回到班会此前一个活动呈现的两个同龄人是否需要减肥的案例,与学生一起分辨哪些理由属于正面社会制约,哪些是负面社会制约,再与学生讨论这些社会制约对小 S 和小 T 的正、反两面的影响。

3. 总结和提升

设计意图:教师总结,再次强调面对社会制约我们应有的态度,帮助学生提升道德抉择力,形成积极向上的价值观。

教师总结:我们所有的生理健康都有一定的指标,就好像当我们感冒了,身体的某些指数就会异常,当我们病好了,指数就会恢复正常。不能只听取别人的想法,而应该依据科学的指标来评判。人不是因为美丽而可爱,是因为可爱而美丽。事实上,许多长相一般的人,都在自己工作的领域做出了杰出的贡献。美丽的外貌,不如非凡的才能;非凡的才能,不如良好的心态。外貌只是人生的一个维度,从各个维度去认识自我,发展自我,才是成长的意义。

当周围的人都在提醒你某一个方面需要改进的时候,甚至你最亲密的人,比如你的父母或好友也有这方面的担忧,那这个问题就值得你去思考:我是否真的需要做出改变?而一旦决定改变,就要为自己制订切实的计划,因为一个好习惯的养成绝非一朝一夕的事,同样,要改掉一个坏习惯也需要巨大的毅力和持之以恒的精神。好的计划会帮助你更加坚定地实施,也可以适时地给自己一些小奖励。此外，还可以寻求父母或者好友的帮助，请他们来督促自己改正不良习惯。

刚才同学们说得非常好。大家提到的社会制约，有些积极的，我们应该去响应，也可以通过这些社会制约来审视自我。比如，大家提到的一些不良的生活习惯，积极的社会制约就会帮助我们意识到自己的问题所在。而当我们面临一些负面制约的时候，就要有一双慧眼来识别，如果自己意识到这项社会制约于我没有益处，就要勇敢地说"不"。

（二）案例评述

本节课班会的实施过程主要呈现以下特点：

1. 过程设计中的话题聚焦和案例选择切合学生实际

初中生正值"身心巨变"时期，其中八年级学生尤为明显，教育界称之为"心理性断乳期"。还有人认为八年级是整个中学阶段"最危险"的阶段，八年级学生最难管理，被称之为"八年级现象"。进入初中二年级后，学生的心理开始发生较大的变化。青春期的孩子们认为自己身体上已经发育成熟，心理上也已经成熟，他们自认为什么都懂，不习惯教师和家长对他们的行为约束和管教，对家长特别逆反。八年级学生的另一心理特点是表面什么都不在乎，实际上从众心理很重，有的学生甚至会出现紧张、焦虑、自卑等不健康心理。

基于初二学生的这些特点，本节课选取了相对较轻松的话题，从猜猜鼎鼎大名的公众人物开始，让学生在没有压力的情况下，慢慢跟随教师进入案例；接着为了避免涉及学生本人的尴尬和难堪，让学生从旁观者的角度去审视案例中的人物。将班级学生分为四大组，分别阐述对立的观点，避免了教师问学生答这种师生直接对话的压迫感。同时，在帮助案例人物出谋划策的过程中，在与同伴的合作交流中，一些积极的理念会慢慢渗入学生的价值观。

班会第二项活动是解读一则新闻报道。如今获取新闻的途径可谓不胜枚举，学生通过很多媒介都可以看到来自国内外的各种新闻，但是对新闻的判断能力还不成熟，也很有可能受到其中一些负面观点的影响。本新闻中的内容均来自真实社会事件，既直观，又非常有震撼力。一些专家的权威性评述既能引发学生从多方面看待问题，又能激发学生深层次的思考，从而理性看待社会制约。

班会第一项活动中通过两个同龄人的烦恼创设问题情境，引出"小S和小T是否需要减肥？理由是什么？"在学生分析的基础上，提醒学生要依据科学指标衡量是否肥胖,继而提问:"哪些不良习惯会影响美观?"让学生结合自己的生活实际和常识在问题情境中体验和感悟。第二项活动则是带学生从学校走向社会,去分析社会新闻。有了第一项活动的基础和铺垫,分析第二项活动就自然爬坡,得心应手。两大活动之间严丝合缝,层层递进,具有较强的层次性和逻辑性。

由此可见,在对主题班会的实施过程进行设计时,教师应始终将学生放在首要位置,根据学生的实际情况选择案例、创设情境、聚焦问题,让学生或讨论或交流,在交流中体验,在体验中感悟。

2. 班会实施过程中师生角色定位精准

本节班会主要以学生分析讨论案例和新闻报道为主,在案例讨论阶段,教师将全班学生分为若干小组,每组就小 S 和小 T 是否需要减肥发表见解。教师在学生交流过程中适时追问,推动学生进一步思考和讨论。在第二个活动中教师同样创设问题情境,然后由学生讨论交流,教师适时加以引导和总结,在学生知识和能力不足的时候,及时引导学生理解"社会制约"这个概念,帮助学生渡越知识瓶颈。然后回到第一个活动中两个同龄人的案例,与学生一起分辨哪些理由属于正面制约,哪些是负面制约,再与学生讨论这些制约对小 S 和小 T 的好处和坏处。这样的教育策略,既有学生的全员参与,又有师生、生生间的智慧分享;既有学生的自我教育,又有同学之间的相互教育;既有学生主体意识、主体精神的培养,又有主体能力的历练与展示。在日新月异也日趋复杂的当代社会,学校教育不宜延续只强调成人意志、居高临下地要求学生接受既定规则的思路,而应重在启发学生自主辨析生活内容、明智地选择新的生活方式。这节班会课的观点和结论都是由学生通过讨论和交流自行得出的,胜过教师的"灌输"和"喂养"。简而言之,班会活动过程中,教师的主导作用和学生的主体地位得到了充分的凸显,较好地实现了主题班会的教育目的。

3. 以引导学生自我认识贯穿班会实施过程

事实上,全世界每年都有很多青少年,尤其是女孩子,因希望被别人称赞苗条而渐渐失去自己对"美丽"的健康认识,对过瘦体型形成心理依赖,有的甚至患上厌食症。社会中普遍存在的正面制约和负面制约正越来越多地影响学生的行为。对于这些社会制约,学生并没有形成正确的自我认知。因此,班会的实施过程以由浅入深、由表及里的逻辑架构适时地加以引导和干预,引导学生在日常生活中要多留意正面和负面的社会制约对自己的影响，不要盲从。正如班会实施过程的导入阶段所呈现的材料分析所言，不同的人对于美的概念是不同的，对待同一事物的衡量标准也会产生变化，由此引发学生对一些观点进行独立思考。再如在第一个活动中，教师引导学生对两位同龄人是否需要减肥各抒己见时，先后抛出两个问题"生活中有哪些不良习惯会影响我们的美观？""如果小 T 下定决心减肥，有什么建议给他？"接着请学生为小 T 制订瘦身计划。这些问题看似无心，实际上是将教师讲、学生听转变为学生为同龄人出谋划策，其实质是学生的自我认识和自我教育。对新闻报道的评析将学生的自我认知进一步贯穿和深入，如在新闻报道后抛出问题："为什么会有这么多人明知道可能会对自己的身体造成很大伤害，甚至留下一辈子的阴影，还是义无反顾地走上整形的道路？"在学生指出是"受到周围人的影响，包括家人、朋友，甚至受到一些明星整形成功的影响"以及"社会导向"等因素时，教师适时追问："是否应该跟着社会潮流走？"进而引发学生深入思考，从而达到自我认识和自我教育的目的。围绕立德树人的目标，引导学生保持清醒的头脑，培养独立思考和判断的能力，不盲从，不人云亦云，是教师的责任和使命所在。美国教育家赫钦斯在《教育中的冲突》中提出："什么是教育？教育就是帮助学生学会自己思考，作出独立的判断，并作为一个负责的公民参加工作。"本节班会课正是复杂多变社会中的一剂良药，对于涉世未深，考虑问题并不十分周全的学生而言，可以"抑菌"，起到防疫作用。

（三）教师的反思

本节课的过程设计，基本采用案例分析和新闻报道解读的方式，形式稍显单一，若对设计作一些更改，可以再适当设计一些小组活动。另外，为了在班会活动过程中能节省阅读新闻报道的时间，可以在班会前让学生阅读。

（四）案例的拓展延伸

1. 学生可以做一份关于"体象障碍"的研究报告

体象障碍在青少年群体中逐渐增多，且因为青少年本身缺乏判别能力，常常被教师和家长所忽视，长此以往，容易造成学生极度自卑的心理，甚至可能会转向一些极端的舒缓方式。此类心理疾病的心身健康危害极大。

引导学生对体象障碍的危害进行网络资料的查找、整理，可以帮助学生在以后面临此类问题时形成辨别能力。也可以引导学生在校内开展调查问卷及访谈，帮助教师了解学生的情况，若有类似情况发生，可以提早干预。

研究报告可以论文方式呈现，也可由学生进行 PPT 演示。

2. 学生可以结合本节班会内容，做一个关于"美"的海报展

美育，又称美感教育，即通过培养人们认识美、体验美、感受美、欣赏美和创造美的能力，从而使人们形成美的理想、美的情操、美的品格和美的素养。

美育，从来就是教育过程中不可或缺的一部分，美育可以促进德、智、体、劳各方面的发展。它可以提高学生的思想认识，发展学生的道德情操；可以丰富学生知识，发展学生智力；可以增进学生身心健康，提高体育运动的质量；也可以鼓舞学生热爱劳动、热爱劳动人民，并进行创造性的劳动。

学生通过制作关于"美"的海报，思考什么是真正的美，重新审视自己的价值观，从而正确地抉择。

3. 学生制订一周计划，改掉一个不良的生活习惯

可以在同班或同年级学生中，开展"甩掉一个不良生活习惯"活动。通过制订切实可行的计划，同学之间互相监督，在一定的时间内（两周或一个月），改掉一个不良的生活习惯，让自己更"美丽"。

专题 06

主题班会的形式选用

所谓形式，是指事物内容的组织结构和表现方式。探讨主题班会的形式选用，并不意味着脱离内容片面强调形式，恰恰相反，是为了更好地体现班会内容的教育价值。如何选用恰当的形式来凸显主题班会的教育功能，应当成为提升主题班会实效的重要命题。

所谓形式,是指事物内容的组织结构和表现方式。唯物辩证法告诉我们,内容和形式是对立统一的辩证关系。从对立来看,内容是存在的基础,形式是存在的方式;就统一而言,内容和形式两者相互依存,相互作用,既没有无内容的形式,也不存在无形式的内容。内容决定形式,形式既依赖于内容,又反作用于内容。同理,主题班会也不例外。一方面主题班会的内容决定了班会的形式,另一方面,主题班会的形式对于表现班会内容起到了重要作用。需要说明的是,本专题探讨主题班会的形式选用,并不意味着脱离内容片面强调形式,恰恰相反,是为了更好地体现班会内容的教育价值。事实上,不少主题班会实效不明显,与没有深入思考选用何种形式来表现班会内容有很大关系。因此,如何选用恰当的形式来凸显主题班会的教育功能,应当成为提升主题班会实效的重要命题。

一、主题班会形式选用的意义

首先,主题班会的形式选用能够更好地服务于主题班会内容。如前所述,主题班会的形式与内容是辩证统一的关系,选用何种形式呈现班会的内容,不仅反作用于班会内容,也直接影响主题班会的实效。如采用问题情境创设的形式,可以有效激发学生主动参与班会活动,在体验中获得感悟;而采用小组讨论的形式,则能促进学生在任务驱动下,在与同伴的合作分享中得到收获与提升。比如,采用模拟扮演的形式,主题班会的内容能够以生动直观的方式呈现在学生面前。其他诸如经验交流、专题辩论、咨询答疑、娱乐表演、节日纪念、才能展示、成果汇报、实话实说、总结归纳等形式,也都为凸显和表现班会内容起到了促进作用,为主题班会产生实效创造了条件。需要说明的是,班会的形式与内容不是简单的一一对应的关系。有时同样的内容可以采用不同的形式来表现,而同样的形式也可以表现不同的内容。其中的关键在于,形式不能脱离内容,不论选用何种形式,都要以服务班会内容为根本目的。

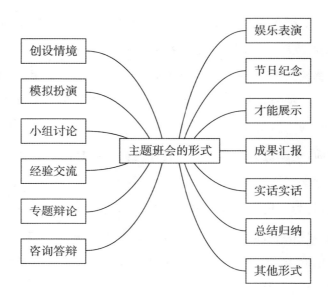

图 6-1　主题班会的形式

其次,主题班会的形式选用有利于体现学生的主体地位。主题班会的根本职能是引导学生自我教育、自我管理,促进学生健康成长。同时,主题班会对于班集体建设、班集体凝聚力的增强也有着不可或缺的作用。由此可见,学生是主题班会的主体,主题班会不是教师个人的"一言堂"或"独角戏",学生也不是被动的接受者。而要充分体现学生的主体地位,在很大程度上有赖于班会形式的选用。只有选用切合学生年龄和认知水平、学生喜闻乐见、贴近学生生活的形式,才可能拉近学生与班会内容的距离,从而使学生由被动接受转为主动参与,并从中有发现、有思考、有转变、有提高。学生的主体地位一旦得到充分体现,就为班会的目标实现提供了切实保证。

最后,主题班会的形式选用有助于促进教师教育理念的提升。主题班会的目标和内容确定之后,采取何种形式来实施主题班会,对教师而言,不仅对其教育设计能力提出了要求,更是对其教育理念的检视。因为在考虑采用何种班会形式的同时,教师至少要深入思考这样一些问题:学生现有的认识水平如何? 他们在日常学习和生活中较多关心的是哪些问题? 他们乐于参与的活动方式有哪些? 如何让他们在班会中有体悟并增强自我认识? 有了这些思考,选用的班会形式才能更好地表现班会内容,从而促进学生的发展和提高。更有意义的是,这一思考分析直至选用形式的过程,也是对教师教育思想的锤炼。促进教师从更宽的视野、更高的境界来认识学生主体作用发挥的重要意义,深刻理解育德能力的提升对于教师专业成长的价值。

二、主题班会形式选用的常见问题及误区

主题班会的形式选用需要从多方面进行考量,不仅要考虑学生的年龄和认知特点以及个性差异,还须考虑对于学生认识自我是否能起到促进作用,能否为班会目标达成创设有利条件,等等。然而在主题班会的实践中,由于主客观方面的原因,主题班会的形式选用还存在一些问题和误区。

(一) 形式单一

由于对学情缺少认真深入的分析,对引导学生积极主动参与班会活动的意义认识不足,对于选用怎样的形式来表现班会内容缺乏周密的思考,结果使得班会往往呈现教师单向灌输或说教,学生被动接受;或是学生发言、教师总结这种单一的形式。而形式单一所导致的学生缺少体验感悟,自我认知没有提高,则必然影响班会目标的达成。以"学习攻略"主题班会为例,教师在导入环节通过分享两个故事引出学习这一话题,紧接着呈现三个案例,最后是教师的归纳总结。整个班会活动以单一形式贯穿始终,即学生通过看案例,然后思考交流,教师随之归纳总结,这样就使得学生始终处于旁观者的地位。实践表明,形式的单一不仅对于实现主题班会的目标收效甚微,而且难以调动学生参与班会的积极性,久而久之还会使其产生倦怠,对班会内容失去兴趣和新鲜感,甚至还会产生逆反情绪。此外,长此以往还可能造成学生的思维方式单一,不利于思维的锻炼和优化。

(二) 形式与内容脱节

班会的形式选用是为了更好地表现班会内容,如果形式脱离内容,不但对班会内容的呈现造成影响,而且使得班会偏离主题和目标。在主题班会的实践中,不少教师过度追求班会形式的多样性,在四十分钟的班会活动中,既有小组讨论、全班交流、个别提问、教师点评等,又有辩论、话剧表演、合唱等加入其中。这种现象反映出有些教师对主题班会的功能认识片面,认为主题班会能吸引学生,场面热闹就是成功,而较少地思考班会形式如何与内容有机结合。班会活动表面看来丰富多彩,实则流于形式,形式对于内容的表现没有起到作用,最终影响

了主题班会的目标达成。

如在一些节日纪念主题的班会中,教师更多的是考虑形式选用,而不是通过形式让学生深刻地理解纪念什么、为什么要纪念等有助于提高思想认识的核心问题。因而节日纪念的主题班会往往是极尽形式变化之能事,如拍全家福、讲笑话、唱歌、跳舞、文化串讲、制作贺卡及互送贺卡、体验你画我猜的小游戏等轮番接力。这类主题班会活动看似"多姿多彩",然而在表面的热闹背后,学生并未有所得。由于形式与内容没有形成有机联系,因而过分地追求形式只能使班会活动偏向娱乐化,也必然导致主题教育浅表化。

(三)形式选用不符合学情

主题班会的形式选用,最终是为了实现主题班会的目标,如解决学生日常学习生活中遇到的问题,提升学生的道德认知和道德实践能力,促进学生健康成长和全面发展等。既然主题班会的职能是对学生发展的引导和促进,那么主题班会的目标、内容和形式都必须以符合学生的实际为首要原则,也只有这样,主题班会的实效性才能有切实保障。然而一些主题班会在选用形式时并没有对学情进行深入的研究,对学生现有的认知水平、思想状况、日常学习和生活实际缺乏全面了解。因而导致班会形式选用不符合学生实际。

如针对初中学生的有关"时间管理"的主题班会,教师采用这样的形式:第一,资料呈现,通过呈现"一分钟可以做什么"的若干资料,让学生意识到时间的重要性,然后分析缺乏时间管理的个案,让学生意识到时间管理的意义;第二,动手计算,"你现在是 13 岁,假设活到 73 岁,你每天清醒的时间是 16 个小时,算一算你一共有多少小时的幸福时光? 还剩多少小时属于你的美好时光?"对于初中学生而言,时间管理是个既熟悉又陌生的话题。说熟悉,是因为初中学生在小学阶段就知道要珍惜时间;说陌生,是因为初中学生其实并不明白怎样才能有效管理时间,或者说,自己在时间安排方面存在哪些问题,原因是什么,应当怎样去学会管理时间。应当说,这才是主题班会要深入研究的学情。教师采用让学生去计算人一生中的时间,列出自己的时间安排表这种形式,并没有使学生内心产生触动,也很难让学生发现自己在时间安排上存在的问题,并深入思考其原因之所在。而如要借此让学生探究适合自身实际的时间管理方法,则更无从谈起了。由于学情研究不深入,这样的形式选用就很难产生引导学生自我认知、自主发展的实效。

三、主题班会形式选用的原则

（一）服务于内容的原则

主题班会的内容决定了主题班会的形式,班会内容通过一定的班会形式表现出来,而形式则须依托于一定的内容才有存在的价值。主题班会的内容涉及学生成长的方方面面,大致可分为以下几类:一是政治、思想教育类,包括集体主义教育、爱国主义教育、价值观教育等;二是学习指导类或智育类,包括学法指导、学习态度指导等;三是扩展知识类;四是生活指导类;五是审美娱乐类;六是综合娱乐类;七是美育类、体育类、劳动类;八是心理健康教育类;九是安全教育类等;十是主题报告类。这些内容决定了班会的形式,班会的形式服务于特定的班会内容。比如,专题辩论这种形式,它往往是由引导学生分辨是非、提高认识的班会目标及内容决定的,采用这种形式,意在促进学生通过自主思考和判定,形成自己的观点,进而在不同观点的碰撞中达到分辨是非、提高认识的目的。又如,创设问题情境的方式,一般而言,它总是和学生通过切身体验感悟获取直接经验的相关内容密切联系,为表现相关内容和目标达成发挥作用。

需要强调的是,内容决定形式并不意味着内容与形式是一一对应的关系,同样的内容可以通过不同的形式来表达;同样的形式则可以表现不同的内容。关键在于要深入思考采取什么样的形式才能最恰当、最有效地表现内容。

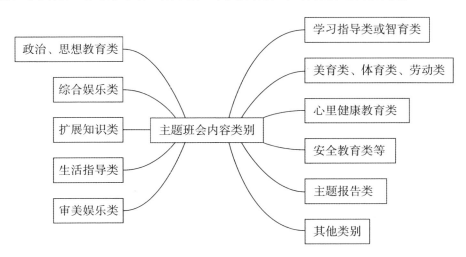

图6‐2　主题班会的主要内容类别

（二）促进学生积极参与的原则

中学生正处于求知且好动的阶段。他们思想活跃,乐于思考,对新鲜事物充满强烈的好奇;他们精力充沛,活泼好动,有多方面的兴趣爱好,有强烈的求知欲望;他们喜欢参加新颖活泼、知识性强、富于幻想的活动。而同时,由于年龄、认知特点以及社会阅历的不足,他们还缺乏深入的理性思考的意识和能力,对于形式单一的抽象的理论灌输和说教缺乏兴趣。中学生的这些特点为主题班会的形式选用提供了重要启示,班会不论采取何种形式,必须充分考虑这些特点,必须切合中学生日常学习生活和思想实际。例如:选择学生喜闻乐见的活动形式;满足学生好奇心和探求欲望的问题情境创设;凸显任务导向的小组活动与分享;引导学生自我认识的角色体验;锻炼思维的案例分析;等等。简而言之,班会形式符合学生实际,才能促进学生积极投入班会活动。

例如,针对写作业能否使用手机这一话题,可以采用学生喜欢的辩论形式,这种形式既符合学生思维活跃、乐于思考的年龄特点,又切合主题班会内容的要求。教师如果只是简单地提出"写作业不能用手机"的强制要求,学生则不一定会接受,甚至可能产生抵触情绪。采用辩论方式,既可以引发学生认真思考自己的观点并拿出依据,还能借此机会就如何合理使用手机进行讨论交流。辩论过程中不同观点的碰撞,有助于学生在自我认知的基础上,对问题进行深入思考,从而达成共识。总之,形式切合学情,就为学生积极投入班会活动创设了前提,学生的积极参与则为班会的目标实现提供了保证。

（三）追求创新的原则

当今社会信息科技、互联网的飞速发展,不仅改变了人们的生活方式,也给人们的思想观念带来了不同程度的变化。如何针对当代中学生特点开展富有成效的主题教育,客观上也对学校德育创新提出了要求。主题班会作为学校德育的重要载体和班级活动的重要形式,本身也需要适应时代发展变化的创新举措,这样才能使主题班会始终保有活力,充分彰显它的教育功能。其中,追求主题班会形式创新则是提升主题班会实效性的重要环节。通过形式创新,主题班会的内容会更契合当今学生的实际,能赋予主题班会以时代特征。当然,追求形式创新并不意味着脱离主题班会的内容,而是为了更好地凸显内容的价值。然而形式创新并非凭空想象,也不可能一蹴而就,需要在实践中大胆尝试和探索。

例如,尝试构建低结构、短课时的主题班会组织形式。一是把大的主题切分为若干小专题,形成每个专题 20 分钟左右的微型班会系列。这种短课时的形式有助于学生专注于对某一问题的深入思考探究。同时,系列专题的形式又有助于引导学生从不同视角审视问题,在循环往复的思考体悟中提高自我认识。二是针对班级近阶段出现的倾向性问题或急于解决的问题,可以采用短课时微型班会进行专题探讨,及时解决问题。这种低结构、短课时的主题班会形式在时间安排上具有灵活性,内容和活动准备耗时不多,较少受到学科教学的干扰。同时,适当增加低结构、短课时的主题班会排课次数,在一定程度上也可以弥补引导学生自我教育、构建自主发展有效载体的不足。

又如,创造性资源的有效利用。当今社会人工智能、虚拟现实、互联网、大数据等技术飞速发展,如果在主题班会的设计与实施中能够使用这些创造性资源,则可以为主题班会的形式创新提供有利条件。如利用信息技术中视觉符号直观形象、表意浅显的特点,在短时间内引起学生的高度关注,有助于触发学生情感和探究兴趣;利用大数据对一些问题作出精准、全面的分析,为学生展开深入思考提供依据;利用网络交互性和即时性的特点,促进学生之间和师生之间的互动,调动学生主动参与班会活动的积极性;等等。此外,还可以将一些创新的学习方式引入主题班会的活动,如基于真实情境,问题化驱动的项目化学习的方式等。

总之,随着时代的发展,主题班会的形式也需要不断地创新,这样才能使主题班会更好地适应当代学生的学习和生活实际以及身心特点,从而大大增强主题班会的教育实效。

四、案例分析

高一年级主题班会

(一) 主题班会案例

主题:选择的智慧。

教育背景:

高中阶段是中学生自我认识的重要时期,也是其世界观、人生观和价值观基本形成的关键时刻。在此期间,他们要经历学习科目的选择、为实现高考目标的拼搏及高考志愿的专业填报等人生的重大课题和选择。学生正在为已经面对和即将面对的选择作准备，怎样让学生重视选择，学会选择，是学校教育必须研究的重要命题。

教育目标：

引导学生在体验"选择"的过程中，不断加深对于学会选择的重要意义的认识，掌握正确选择的基本原则和策略。

实施过程：

1. 导入与铺垫

设计思路：通过介绍田家炳先生16岁那年所做的选择，引导学生理解选择的重要性，以及学会选择的意义。田家炳先生的故事对我校学生而言有着不同寻常的意义，用田老的少年经历作为材料，既呼应主题，又对学生进行了生动的校史教育，一举两得。

（1）学生阅读田家炳先生自传《我的幸福人生》的片段，了解田家炳先生作出艰难选择的背景

《我的幸福人生》一书中田家炳先生自述："16岁那年刚念完初二，为继承家传的广泰兴业务，只好弃学而挑起家庭担子。"在父亲辞世后，是继承父亲经营的广泰兴窑厂业务还是继续读书，成为一项关系田家炳先生前途的重要抉择。"因为当地的曾家有两家窑业，他们是地头蛇，厂址优越，只是缺乏资金，不顾信誉，且不得人和，引起民众反感，致长期业务不前。"田家炳先生当时年未足16岁，被视为"乳臭未干"的小子，怎能应付这复杂恶劣的环境呢？何况还要经常靠走几小时路，到各村接洽买砖瓦建新屋的屋主，又要面对争取买家信任等复杂问题。家里人都力主田家炳先生继续学业至大学毕业。当时田家炳先生在麻中，中英数三科成绩都特别优异，深受老师宠爱。

田家炳先生深知这是他人生的关键抉择，各有利弊，鱼与熊掌不可兼得。经深思熟虑后，田家炳先生决定以继承父业为重。他在自传中这样说："更重要的是父恩既不可不报，母恩也不能疏忽。在百行孝为先的前提下，怎可计较自己的得失而有亏子职？"

（2）学生讨论交流

在学生阅读有关田家炳先生的回忆片段，了解了田家炳先生作出选择的背景之后，教师引出了本节班会课的核心词"选择"，并以"真实假设"的方式——引

导学生将自己代入情境,假设自己是田家炳先生,面对继续学业和继承家业这两者,你会怎样选择?在思考讨论之后,学生作了交流。有学生说道:"我觉得自己的人生自己说了算,如果我的成绩这么优异,我肯定会继续我的学业。"也有学生认为:"百善孝为先,在家族事业这么艰难的情况之下,我会选择承担起自己的家庭责任,选择继承家族事业。"针对学生的不同观点,教师将材料中的有关小细节放大,引导学生认识田家炳先生勤奋努力的个性。帮助学生进一步理解,即使放弃学业继承父业,他同样会勤奋努力的道理。由此,教师作出归纳:田家炳先生在两难困境中作出的选择是一种"智慧的选择",之所以称之为"智慧",是因为田先生对自我有清醒的认识,他相信通过自己的勤奋努力,同样可以在继承父业的过程中不断提升自己。教师的归纳,引导学生进一步思考选择背后的重要原因,为后面环节学生体验"我的选择"作了铺垫。

2. 展开与深化

活动一:我的选科。

设计思路:针对学生在选科时缺乏理性思考的现状,通过同学之间的点评互相启发,引导学生就选科时应当坚持的原则进行深入思考。

教师下发工作纸,让学生填写准备选择的科目以及选择理由,然后交流分享。

选科是高一学生面临的一个难题,如何在物理、生物、化学、政治、地理、历史六门学科中选择三门学科,是高一学生亟待解决的困惑。学生在填写工作纸之后,分享了自己选择的科目以及选科的理由。有的学生是基于个人兴趣作出选择,有的学生是基于自己现阶段的学习基础作出选择,有的学生是考虑选择的科目与未来职业发展的相关度作出选择,也有的学生是出于对某个老师课堂教学风格的喜爱等。从学生的分享中不难看出,影响学生选科的因素很多。教师将这些选科理由一一做了梳理和分类,把它们归纳为主观原因和客观原因两个方面。然后引导学生要从主客观两方面去权衡利弊,再作出慎重的选择。在引导学生明确了选科时思考分析的路径之后,班会进入下一个环节。

活动二:时光穿梭。

设计思路:采用时光穿梭的形式,让学生为自己将来的事业和爱情作出选择。引导学生深刻理解,学会正确的选择不仅是高中选科需要具备的能力,更是成就事业、追求人生幸福的必备素养。

（1）小 A 的故事

26 岁的小 A 长期居住在 C 地，有着一份自己喜欢且能够胜任的工作，然而相恋七年的男友事业有成，即将赴美发展。此时，英文水平并不高的小 A 需要面临一个重要选择——是离开 C 地和男友一起去美国工作生活，还是留在 C 地继续工作。假如是后者，可能面临跨国恋情乃至分手的结局。

（2）说说你会为 26 岁的小 A 作出怎样的选择并说明理由

经过深入思考，学生就此纷纷发表自己的见解。有的学生说："伴侣是很重要的，所以选择和男友一起离开。"也有学生表示："去了美国，人生地不熟，英文又不好，找工作很困难；而且离开 C 地就意味着失去了现在的朋友圈；更要面临与家人分离的不舍等。"听完学生的分享，教师作出归纳：如果单从个人事业或爱情这两种选择来看，其实很难判断优劣，每种选择似乎都有自己的理由。这里的关键在于，小 A 是否对自我有清醒的认识，是否清楚地知道个人的长处和优势，即我能够做什么，我能够达到怎样的目标。如果小 A 是在此基础上作出选择，那才是正确的。由此给我们的启示是，无论如何，都要有清醒的自我认识，从自身实际出发，权衡利弊，而不是单凭一时兴趣，或仅仅是被选择对象的某些特点所吸引，这样才能把选择的主动权掌握在自己手中，也才可能正确地选择。

3. 总结和提升

首先让学生交流通过班会活动，自己对学会选择的认识和感悟。然后教师作如下总结：田家炳先生的事例和高一选科的体验启示我们，学会选择对于我们的成长和生涯规划具有重要意义。这节班会课的主题是选择的智慧，那智慧从何而来呢？它取决于你是否有清醒的自我认知，即对于自己的个性特长、发展潜力、优势与不足等是否了解。这样在面临选择的时候，就能够清楚地知道我有什么，我能做到什么。有了这样的判断，再加上对选择对象特点的准确把握，就能有所取舍，从而作出符合自身实际的正确选择。希望每位同学在学习和生活的实践中不断去认识自我，完善自我。这样在需要选择时，我们就能够运用智慧作出取舍，从而为我们走好人生的每一步奠定坚实的基础。

（二）案例评述

本节主题班会的形式选用在引导学生积极参与班会活动，以及体悟提升方面发挥了重要作用，取得了明显成效，具体表现在以下几方面：

1. 问题情境的创设

选择能力的培养对于高中学生来说至关重要,这不仅是因为他们当下已面临学业上的选科问题,更是因为在个人生涯规划、高校专业选择乃至在人生道路上他们还将会面临无数次的选择。因此,选择不单纯是一种手段,更是完善和发展自我、追求人生幸福不可或缺的能力。然而选择能力不是单靠说教和经验传授就能培养起来的,而是必须在不断地体验感悟和加深理解的过程中才能逐步提高的。这节主题班会课形式选用的一个突出特点就是创设了引导学生体验感悟的问题情境,其中贯穿的理念就是让学生在选择中学会选择,即让学生在体验尝试选择的过程中理解选择的真谛。例如,以田家炳先生 16 岁时面临的重要选择作为情境,让学生尝试为田家炳先生作出选择,并说明理由;又如,让学生以角色体验,为 26 岁的女青年小 A 作出人生的一个重要选择。通过这种问题情境中的体验,让学生逐步感悟,选择不是简单的取舍,不能仅凭个人兴趣,也不能只是被选择对象所吸引,而首先须对自身的特点有清醒的认识,这样才能作出符合自身实际的选择。而认识自己,所作的选择符合自己的实际,这就是选择的智慧。由此,问题情境的创设就为学生认识自我、学会选择提供了重要载体。

2. 逐层递进的内容架构

这节主题班会课的内容架构由三部分组成。一是田家炳先生 16 岁那年所作出的艰难选择;二是每个学生自己的选科结果及理由;三是 26 岁的女青年小 A 所面临的人生选择。这三部分内容经过精心组排所创设的问题情境,形成了学生尝试体验并逐步深化的序列。田家炳先生当年的选择引发学生思考,选择的要义是什么;讨论交流高中学业选科及理由,启发学生怎样才能学会选择;女青年小 A 面临的选择则让学生深刻认识到,选择将伴随我们打开人生之路上的一扇扇门。由此可见,这三部分内容的架构体现了逐层深化的内在逻辑关联,即什么是选择,我们今天如何学会选择,明天我们还应怎样选择。从而让学生领悟,只有增长选择的智慧,才能为正确选择提供保障。

3. 多样的活动形式

本节班会课围绕主题选用了几则相关材料,由于材料内容不同,因而在引导学生参与活动、理解主题的过程中采取了不同的活动形式,以使内容通过恰当的形式充分体现其教育和启迪的价值。例如,以阅读的方式了解田家炳先生作出人生重大选择的故事。学生通过专心阅读和沉思走近田家炳先生,深入理解田家炳先生的奋斗精神。作为田家炳中学的学生,以田家炳先生的事迹作为班会课的素材,有着独特的教育价值。又如,学生通过填写表单的方式来梳理自己选科的理由,为学生进行自我审视提供了抓手。再如,以时光穿梭的假设,让学生以角色体验的方式为女青年小 A 作出人生的重要选择,为学生进一步思考何谓选择的智慧创设了载体。此外,班会活动过程中的小组讨论分享、任务驱动、师生互动等形式,都为引导学生尝试探究、积极思维营造了和谐活跃的班会氛围,为班会的目标达成创造了有利条件。

(三) 教师的反思

从目标达成度来看,本节主题班会围绕高中学生如何进行选择这一话题展开,学生在活动过程中通过角色体验等形式,学会换位思考,进而提升了对选择能力的认知。

从内容适切度来看,本节班会的内容选择针对我校校情和学生特点,选取了田家炳先生的相关事迹;针对高一年级面临高考改革新政这一现状,设计了与学生紧密相关的选科活动;同时还设计了与学生未来相关的人生选择体验。活动过程中,学生参与度高,在思考、倾听和分享中感悟良多,活动内容的选择切合学生实际,收到了一定成效。

在整个班会活动过程中,师生互动频繁,探讨深入,学生在轻松的氛围中思考。在教师的引导下,学生深刻理解了学会选择的重要意义。

从学生的反馈来看,他们对自己的个性特长还没有清楚的认识,对自己的未来还没有开始认真规划,所选科目有的也并未从自身考量,只是根据招生比例,甚至只希望老师代其作选择。学生的反馈告诉我们,这节主题班会课仅仅是学会选择的开始,学生选择能力的培养有利于更多的实践引导和体验感悟。

(四) 案例的拓展延伸

拓宽学生生涯规划的路径,如可以让学生通过“霍兰德职业兴趣问卷”了解自己的职业兴趣。美国职业指导专家约翰·霍兰德于 20 世纪 60 年代结合特质—因素理论及人格心理学的相关知识,提出了人格类型理论。他认为人们选择职业时,就是在表达自己的喜好及价值观,也就是说人的选择与人格类型、职业兴趣有关。同时,人们要想从该职业中获得幸福感,那么该职业必定适合某一特定类型人格的人。该理论将人格分为现实型、研究性、社会型、企业型、艺术型及常规型六大类型,强调不同的人格适合不同的职业,如果人在与其人格类型相符合的环境中工作,就容易得到快乐,同时最大限度地发掘自己的潜能。

该职业兴趣问卷能让学生认识到了解自己人格类型的重要性,意识到只有根据自己的类型规划未来,才有可能发挥潜能,从而为探究高中生职业生涯规划的实践提供理论基础。

预备年级主题班会

(一) 主题班会案例

主题:养成良好的学习习惯。

教育背景:

"习惯决定孩子的命运。"习惯的力量是巨大的,人一旦养成一个习惯,就会不自觉地在这个习惯的轨道上运行。比如学习习惯的培养,如果学习习惯好,会大大提升学习效益;反之,则会在不知不觉中影响学习,降低学习效益。预备年级作为初中阶段的起始年级,正处在初中学习的适应期和转变期,因此,学生学习习惯的培养更为重要。

教育目标:

1. 充分认识培养良好学习习惯的重要意义。

2. 通过体验和对照,发现自身存在的不良学习习惯,不断增强培养良好学习习惯的自觉性。

实施过程:

1. 导入与铺垫

设计意图:通过谜语猜一猜的活动,引入班会的关键词"习惯",激发学生参与活动的主动性,为班会的顺利开展创设条件。

谜语:我不是你的影子,但我与你亲密无间。我不是机器,但我全心全意听命于你。对成功的人来说,我是功臣;对失败的人来说,我是罪人。培养我,我会为你赢得整个人生;放纵我,我会毁掉你的终身。我到底是谁? 我平凡得让你惊奇。学生一番思考之后,给出谜底"习惯",教师由此引出班会主题。

2. 展开与深化

(1) 好习惯的力量

设计思路:通过案例交流的形式设计,凸显好习惯带来的积极作用,引导学生深入思考培养好习惯的重要性。

① 分享案例。

案例一:苏联教育家苏霍姆林斯基有一个习惯,那就是每天尽早开始一天的工作。他每天五点半起床,做早操,喝杯牛奶吃块面包,然后就开始工作。当他习惯了六点钟开始工作以后,又努力再提早十五到二十分钟,几十年如一日,从不间断。他三十几本教育方面的著作和三百多篇学术论文都是在早上五点到八点写成的。好习惯成就了一位举世闻名的心理学家和教育学家。

案例二:马克·吐温坚持每天清晨默读自己贴在家中墙上的好词佳句,这一习惯为他写出脍炙人口的作品打下了坚实的基础。

案例三:马克思在撰写《资本论》时仍坚持每天演算数学题,这个习惯对于他逻辑思维能力的培养起到了重要作用。

案例四:达尔文从不放过任何一个观察大自然的机会,善于观察的习惯为他的科研工作积累了大量的第一手资料。

② 学生讨论交流。

学生阅读案例之后,展开了热烈的讨论交流。有的学生从这些伟人的行为感悟到"好习惯的培养对于成就事业具有异乎寻常的重要价值";有的学生从案例的分析中分别认识到"好习惯的培养是基于兴趣的""好习惯的培养需要坚持不懈的毅力"等。学生在感悟好习惯培养的重要意义的同时,也从中发现了如何培养好习惯的基本要求。

(2)探究培养良好学习习惯的路径

设计思路:以讲述故事、视频分享和数量计算的形式,引发学生思考故事背后的深刻含义,并从中获得如何从好习惯的培养联系到良好学习习惯培养的重要启示,进而深刻理解良好学习习惯的培养在于目标规划和持之以恒的努力。

① 故事分享:青蛙攀爬。

教师以讲述和PPT动画呈现的形式,与学生分享青蛙攀爬的故事。从前,有一群小青蛙组织了一场攀爬比赛,比赛的终点是一座非常高的铁塔的塔顶。另有一群大青蛙围着铁塔看比赛,给它们加油。比赛开始了,大青蛙群中谁也不相信这些小小的青蛙会到达塔顶,它们都在议论:"这太难了! 它们肯定到不了塔顶!""它们绝不可能成功的,塔太高了!"听到这些话语,一只接一只的小青蛙开始泄气了,只有情绪高涨的那几只还在往上爬。大青蛙群继续喊着:"这太难了! 没有谁能爬上顶的!"

越来越多的小青蛙累坏了,退出了比赛。但,有一只却越爬越高,一点没有放弃的意思。它终于成为唯一一只到达塔顶的胜利者。这时,其他的青蛙都想知道它是怎么成功的,有一只青蛙跑上前去问它:"你哪来那么大的力气爬上塔顶?"这只青蛙说:"我以为你们都在为我呐喊加油!"

讲完这则寓言故事之后,教师要求学生深入思考:就良好学习习惯培养而言,你从中获得了哪些启示? 教师的提问引发了学生对培养良好学习习惯要从哪些方面着手的思考。不少学生认为良好学习习惯的培养需要确定明确的目标,并且绝不放弃;也有学生从那只成功登顶的青蛙不受客观因素干扰的表现中得到启示,认为积极的心态是培养良好学习习惯的必备要素。学生讨论交流后,教师总结了良好学习习惯培养的第一条路径,即对于学习要具有强烈的内驱力,要有明确的目标。这是培养良好学习习惯的首要条件。

② 视频案例和算一算。

在对寓言故事分享讨论之后,教师播放视频,请学生看一看,一分钟能做些什么。然后和学生一起算算,假如每节英语课预备铃响后的两分钟能够背 5 个单词,一年下来能够背多少单词? 学生非常认真地观看视频,感悟到一分钟时间虽短,但能做的事情却很多。然后学生根据教师给出的条件,结合自己的日常学习,计算出一年里,利用每节英语课两分钟预备铃时间,一共可以背多少英语单词。当学生计算出数据后,每个人都大吃一惊,进而深刻体悟到利用点滴时间的重要性,积少成多,提高学习效益。由此也让学生进一步认识到,良好学习习惯的表现之一,就是充分利用时间。而学会时间管理,也是培养良好学习习惯的重要路径。

③ 公式启迪。

在前几个活动环节的基础上,教师列出学生熟悉的数学公式,引发学生思考公式背后的内涵。具体的公式是这样的:

意愿×行动=良好学习习惯养成

$100\% \times 100\% = 100\%$

$50\% \times 50\% = 25\%$

$50\% \times 100\% = 50\%$

$100\% \times 50\% = 50\%$

学生通过对这个公式的分析思考,领悟到培养良好学习习惯需要强烈的主观意愿和积极的实际行动,两者缺一不可,且两者必须协调一致,任何一方面的弱化或懈怠,效果都会大打折扣。教师针对学生的思考交流进行了归纳,良好学习习惯的养成不可能一蹴而就,也不可能轻轻松松达到目标。需要确立明确的目标,需要学会利用时间以及坚持不懈的行动力,只有这些方面成为一个有机整体,良好学习习惯的养成才能最终实现。

3. 总结与提升

设计思路:通过交流发言的形式,引导学生反思自身存在的不良学习习惯;通过与班级其他同学的对比,对改掉不良学习习惯进行更深入的思考。

学生在交流发言中各抒己见,对自身的不良学习习惯作了梳理。有的学生坦言放学回家后从来不复习,写完作业就睡觉;有的学生承认自己上课注意力难以集中,经常做小动作,不是玩笔就是玩小刀;还有的学生反省自己上课老管不住自己的嘴,尤其是自习课,经常大声说话干扰其他学生学习;等等。学生自我剖析后,教师要求学生相互对照,看看班级中有哪些同学具备良好的学习习惯。经过思考讨论,学生有了发现。有的学生认为,"良好学习习惯的表现是每天按时自学预习、专心上课以及善于提问";也有学生表示,"班中有的同学每天都做到认真复习,因此知识掌握比较扎实";等等。教师肯定了大家的发言,认为学生们都有一双善于发现的眼睛,总结出不少好的学习习惯。而这些良好学习习惯形成的关键在于我们要有目标,有毅力,有行动。

班会的最后环节,教师分发了"告别陋习,挑战自我"的挑战计划书。学生根据自己的实际情况,列出亟待改正的五种不良学习习惯,并制订自己的专属挑战计划书。同时邀请老师或同学签名,请他们做自己执行计划的监督人,主题班会之后就开始正式行动,为期21天。

最后,教师告诉学生,人生很多时候都像是一场拉锯战,良好学习习惯的养成也是一场拉锯战,它会有反复,有困惑。因此,我们必须坚定意志,付诸行动,持之以恒。有了良好的学习习惯,才能拥有幸福人生。

(二) 案例评述

本节主题班会课围绕良好学习习惯培养这一话题,综合使用了多种形式,让

每个学生积极参与其中,充分体现了学生的主体地位。具体而言,班会在形式选用方面呈现出以下两个特点:

1. 契合学生特点的活动形式

本节主题班会课的对象是初中预备年级的学生,年龄只有 11 岁、12 岁的他们对于新奇事物充满好奇,喜欢挑战各种困难,也善于发现同伴的优点,对自己有初步的认识,但是自控力尚有待提高;对于事物现象有一些自己的看法,但大多局限于表层。这些都是预备年级学生受年龄和认知特点限制所表现出来的规律性现象。基于上述特点,就更需要借助各种契合他们特点的形式去激发他们参与班会活动的积极性,通过班会引导他们提高自我认知的能力,开展自我教育。本节主题班会课在形式的选用上充分考虑了上述因素,如有趣的故事分享、猜谜、同伴的自由交流、视频播放、时间计算、公式启迪、自我反省、榜样寻找等。从学生在课堂上参与活动的积极程度来看,所选用的形式契合他们的认知特点,学生喜闻乐见,因而促进了他们对班会主题内容的思考和理解,为班会实效性的增强奠定了基础。

2. 循环往复,逐层深化的活动架构

培养良好学习习惯不仅对于学生的学业长进至关重要,对于学生人格的完善、个性特长的发展也具有不可或缺的作用。预备年级学生良好学习习惯的培养并非仅靠说教和灌输就能实现,而是需要运用多种形式,引导他们在特定情境的体验中,在与他人的对比中,在对不同现象的审视中深刻认识什么是良好的学习习惯,以及怎样培养良好的学习习惯。这节主题班会课选择了比较丰富的内容,并结合了预备年级学生的实际,将这些内容和形式组合成循环往复、逐层深化的结构。通过这一班会活动结构,引导学生深入理解班会主题,并在日常学习中付诸行动。具体来看,班会开始,以猜谜的形式引发学生思考和参与班会的兴趣,然后以名人故事的分享让学生初步理解好习惯的重要意义,以及好习惯外显的基本特征;在此基础上,再以"青蛙攀爬"寓言故事的分享解读,引导学生深化对于好习惯的认识和理解;紧接着学生通过点滴时间的利用对于学习成效提高的数字计算,以及有关"意愿×行动＝良好学习习惯养成"的公式启迪,在深化认识的基础上,深入思考良好学习习惯的培养应当聚焦哪些方面;在教师的启发下,学生将自身存在的不良学习习惯和同学的良好学习习惯作对比,对照榜样审视自我,从而清醒地认识到,良好学习习惯的培养,关键在于有目标,有毅力,有行动;最后以制订挑战计划书的形式,促进每个学生为良好学习习惯的培养展开积极的行动。综上所述,整节班会课通过多样的内容和形式,引导学生不断地体验、思考、感悟、转变、提升,在循环往复的思考体悟中,不断完善对班会主题的认识,并做出培养良好学习习惯的实际行动。有效的活动架构为主题班会的实效提供了重要保证。

(三) 教师的反思

良好学习习惯的养成是一个长期且有反复的过程,因而除了在主题班会上开展教育,更需要在平时不断引导学生养成良好的学习习惯。

本节班会就目标达成度来说,通过不同形式的活动体验,以及充分的讨论交流,学生体会到培养良好学习习惯的重要性,分析了自身存在的问题,也提出了告别不良学习习惯的具体举措,基本达成班会目标。

从内容适切度看,本次班会充分考虑了预备年级学生的特点,选择的都是学生熟悉、能够理解且喜闻乐见的形式。学生在参与活动中能够积极体验并有所感悟,在轻松有趣的氛围中,逐步加深对班会主题的理解,内容形式的适切为班会目标的实现创造了条件。

从活动过程看,本次班会采用了多种形式。例如,运用事例让学生感悟好习惯的重要性。通过故事分享、数量计算、公式启迪等多种形式探究养成良好学习习惯的路径。最后通过写挑战书的方式将认识与实际行动相结合,激励学生养成良好的学习习惯。

不足之处在于讨论时间控制得还不够合理,同时良好学习习惯的养成还须引导学生在日常学习过程中不断自我反思,自我激励。因此班会之后,日常学习过程中的引导亟待加强。

(四) 案例的拓展延伸

针对培养良好的学习习惯这一话题,主题班会可以尝试运用表演的活动形式,以增强学生的体验和感悟。比如,心理剧和道德情景剧就是经常使用的体验方式。学生通过角色扮演,对这一主题必然会有更多的体验和感悟,因而能够加深对培养良好学习习惯的重要性的认识。

把握习惯培养与教育心理学的关系。习惯是注意的结果,注意对于处理情绪、制订目标、解决问题是必需的。人们在特定时间内将注意力投往何处,依赖于三方面的相互作用：本能、习惯和价值。习惯是个人与环境、行为相互影响的结果。从这一观点出发，要培养良好的习惯就不应该满足于"习以为常"，而应该能动地以社会的价值取向引导学生有意识地加以训练，以形成良好的学习习惯。

任何习惯的形成，都建立在条件反射的基础上。习惯形成的过程通常分成三个层次：最低层次就是不自觉阶段，依靠外力的督促教育，不断强化条件反射，然后形成习惯；第二个层次是成为自觉行为，这需要一定的意志努力，靠内部的自我监督，已不需要外部的监督；第三个层次是自动化，达到类似本能的程度，到了这一层次，既不需要监督，也不需要意志努力，而是行为习惯，这是最佳习惯状态。

主题班会的评价，即在系统、科学和全面搜集、整理、处理及分析主题班会信息的基础上，对主题班会的价值作出判断的过程。从某种意义上说，主题班会的评价本身也是一种实践活动，评价的准确与否也需要通过具体的实践来检验。

评价,简单来说就是对价值的评定,本专题所指的主题班会的评价,即在系统、科学和全面搜集、整理、处理及分析主题班会信息的基础上,对主题班会的价值作出判断的过程。主题班会的评价包含四个要点:第一,主题班会评价的对象,它涉及主题班会领域中的任意元素,既可以是主题班会的参与者,如教师、学生、家长、教育管理人员等,也可以是主题班会活动本身,如班会的主题确立、目标制订、活动策划、过程设计、即时反馈、活动效果等;第二,主题班会评价的主要性质,是对主题班会的价值作出判断,是评价主体的需要与被评价对象(即客体属性)的一种特殊的效果关系;第三,主题班会评价的手段,是运用不同的方法对主题班会进行综合分析判断,既有定量分析的方法,也有定性分析的方法;第四,主题班会评价的目的,是发现和提炼主题教育中的某些规律,诊断主题班会中存在的问题,探索改进措施,促进主题班会的组织实施者优化教育策略,不断提高主题班会的实效性。从某种意义上说,主题班会的评价本身也是一种实践活动,评价的准确与否也需要通过具体的实践来检验。

图 7 - 1　主题班会评价的四个要点

一、主题班会评价的意义

首先,对主题班会进行评价,可以为班会目标的设定是否切合学生特点,以及目标是否达成或究竟达成到何种程度提供诊断。主题班会的目标是对学生通过班会应当获得的思想道德方面的认识提高或实践行为努力方向的把握的预设,是主题班会活动的出发点和聚焦点。没有明确的目标,也就不可能组织有效的教育活动。所以,目标设计是否科学及达成与否,是主题班会评价的首要任务。换句话说,只有对目标的确立与达成进行诊断,才能对主题班会的教育效果进行全面的评价。

其次,对主题班会进行评价可以为班会从主题提炼、素材选择、活动设计、内容形式等诸多方面的优化创新提供导向。一般而言,评价是在相关理论指导下,基于一定的标准和多个课堂观察的角度,采取定量或定性分析的方法对班会的价值进行鉴定。其中评什么、怎么评,将引导教师在主题班会的具体实施中去深入思考应当做什么、怎么做,同时也促进教师不断优化主题班会实施的策略。从这个意义上来说,评价具有调整和完善行动的改进功能。教师的认识和实践通过评价开始发生了变化,也就意味着主题班会的评价内容和评价标准发挥了导向作用。

最后,对主题班会进行评价有助于教师拓宽教育视野,增强自我反思的意识,提升育德能力。如前所述,评价本身也是一种实践活动。对职初见习教师而言,尝试对主题班会进行评价,能够对其专业发展产生自我超越的效应。其一,对某一个特定对象进行评价,必须做好学习和思考的准备。对一节主题班会进行评价,首先应当考虑要评什么、用什么方法去评。要解决这两个问题,就要了解评价对象,关注目标和班会活动的开展,仔细观察师生在活动中的表现,等等;而用什么方法去评,评得是否准确恰当,也显然不能凭直觉主观臆断,需要学习一些评价的理论和方法,使得评价尽可能科学并成为提高自身学习思考能力的有意义的实践活动,从而有效促进自己对主题教育价值的理解。其二,对主题班会进行评价的过程,也是一个与自我开展主题班会进行对照比较的过程。评价对象所呈现的教育观念、教育策略、活动设计都会自觉或不自觉地与自己所实施的主题班会形成比较和参照。评价对象的成功之处和亮点可供我们吸收借鉴,给予我们重要启示;而其中的不足也会成为重要提醒,促进我们提升教育境界,这样,评价过程就为我们增强反思意识提供了助力。简而言之,评价的是客体,受益的是主体,所以,主题班会的评价是见习教师提升育德能力的必要历练。

二、主题班会评价中的常见问题及误区

要让主题班会的评价真正发挥对主题班会的导向和激励作用,就必须充分体现评价的科学性,包括理论依据、评价标准、评价方法等多方面要素的呈现。然而在实践中,由于主客观等方面的原因,主题班会的评价还不同程度地存在着主观随意性,缺乏理论依据,对其中规律性的现象缺少提炼总结,评价方式单一,

等等。具体而言,大致有以下几方面:

（一）评价的课程意识缺失

主题班会是班级教育活动的重要载体,在教育和引导学生自主发展方面发挥着重要的作用。上海市"二期课改"已经将主题班会作为探究型课程,鼓励学生利用主题班会积极发挥其主观能动性,开展探究活动。基于这样的要求,课程视角就成为评价主题班会的重要依据。然而从现状来看,不论是主题班会的评价者还是实施者,都尚未形成较强的课程意识,即未从课程标准、课程内容、课程实施等方面对主题班会进行课程方面的考察,对主题班会的评价往往还停留在对班会活动效果的评定,或者是对班级问题是否得到解决进行就事论事的分析。显而易见,这样的评价更多地关注班会的形式,而较少思考主题班会在育人方面的价值。此外,由于课程意识淡薄或缺失,对主题班会的评价往往是碎片的、零散的,而不是从育人的视角对主题班会进行系列化、课程化的考察,这样的评价,对提高主题班会育人的针对性、实效性而言,难以起到导向和促进作用。

（二）重结果轻过程

在主题班会评价的过程中,常见的情形是评价者较多关注师生对于话题讨论的结果。因此,在主题班会的总结升华环节,师生的阐述发言往往是评价者重点分析的内容,也是评价主题班会价值高低的重要依据。必须指出,关注学生思想认识的变化和主题班会活动结果的呈现当然是必要的,然而从评价是为了帮助施教者提高主题班会的质量这一重要使命来看,则更须关注主题班会的活动过程,尤其要关注学生是否经历了发现、思考、探索的过程,关注学生原先思想上存在的模糊认识是否通过主题班会活动一步步发生了变化,等等。强调过程性评价,是因为关注过程可以发现主题班会目标设定的适切性及活动过程设计的科学性、合理性;从中还可以窥见施教者的教育理念、班会设计的逻辑思路以及对学生引导促进的教学机制等,而这一切才是主题班会能否取得理想效果的决定因素。如果评价只重结果而轻视过程,那么就不可能揭示出产生结果的原因,也发现不了主题教育中某些规律性的现象。这对于提升主题班会实效性、启发教师优化教育策略的作用就要大打折扣了。

（三）评价方法单一

要对主题班会的价值作出科学的判断,就会涉及评价视角、评价标准、评价原则等多方面因素。其中,评价方法的运用是不可或缺的,它对于评价结论是否科学、是否能充分体现评价的导向和激励功能具有重要作用。常用的评价方法有定性分析、定量分析、问卷调查分析以及根据一定的标准或要求进行对照分析等。然而在具体的评价实践活动中,有不少数量的主题班会评价仅仅采用单一的定性分析的方法,且定性分析的理论依据相对不足,课堂观察也不全面,这样就使得主题班会评价更容易夹杂评价者个人的喜好和情感因素,不同程度地存在就事论事或主观臆断的现象,评价的结论往往大而化之、流于空泛。同时由于多角度课堂观察、过程记录以及相关数据分析的缺失,评价也就无法反映或提炼主题班会所呈现的个性特征,对主题班会的目标达成也难以作出精准的判定。这种单一的定性分析的方法,不同程度地影响了评价的信度,削弱了评价的导向功能。

(四)多元评价未予重视

主题班会评价的目的,不仅仅是为了鉴别主题班会价值的高低,还应当对主题班会的改进与提升起引导和促进作用。因此,主题班会的评价就必须努力寻求主题班会改进和提高以及目标达成的策略选择。应当强调的是,主题班会的改进与质量提升必须充分调动参与班会的师生的积极性才能实现。因此,评价要发挥激励师生的作用,就要实施多元评价。让评价对象,即参与主题班会的师生也参与评价,从多个视角、多个维度对主题班会进行考察,这样就能够为主题班会的改进和提升寻找到有效的策略,从而发挥多元评价的最大效益。然而,多元评价在主题班会评价中并未得到充分重视,也没有建立起多元评价的机制。评价的主体多是观课专家、学校领导或相关的行政管理人员。而主题班会的策划、组织和实施者以及参与主题班会的学生、观课的课任老师、应邀观摩主题班会的家长等,则很少参与主题班会的评价。这样就使得评价对象成为评价结果的被动接受者,不利于激发评价对象追求主题班会改进提升的积极性。此外,缺乏多元的评价,就无法做到多维度的审视,容易使评价失之偏颇。

三、主题班会评价的原则

主题班会的评价是衡量班会实施是否有效的重要手段,在对主题班会进行评价时,需要注意以下原则:

发展性原则

主题班会评价原则　过程性原则

多元性原则

图 7–2　主题班会评价的原则

（一）发展性原则

评价的发展性原则主要包括两个方面的内容。第一,有助于促进学生的自主发展。主题班会是学生开展自我教育、提高道德认知、追求自主发展的有效途径和重要载体。主题班会的评价要从优化学生自我认知、挖掘个人潜能的目标确立和活动设计方面多维度地观察,提出优化班会活动的举措,关注并分析学生的参与状态,为促进学生在体验、认知、情感、态度、价值观等方面的全面发展提出评价建议。第二,促进教师育德能力发展。教师是主题班会的主要策划、组织和实施者,教师的育德能力和教育能力决定了主题班会的质量。因而,主题班会的评价必须关注教师组织开展主题班会的全过程,对教师在策划设计中所体现出来的教育理念,在活动过程中所采用的教育手段,当然也包括开展主题教育的必备素养等各个方面进行分析评价,归纳提炼出其中的特色,指出需要改进的地方,从而使评价助推教师育德能力的提升。

（二）过程性原则

主题班会是班级活动的特殊形式,一般而言,主题班会是基于班级学生特点和班集体建设的需要进行策划和实施的。因此,主题班会往往带有明显的班级特点和个性,而这些特点和个性又一定会在班会的过程中体现出来。因而主题班会的评价必须坚持过程性原则,关注学生在班会过程中的问题思考与分析,关注学生认知的变化等。当然,坚持过程性原则还须对班会的过程设计是否与学生的认知过程相适应,是否与目标达成构成有机联系,是否让学生经历了发现、探索、分析、思考、转变、提升的活动过程作出判断。关注班会的过程,能够发现主题班会所呈现的班级特点和学生个性,从而更好地体现评价的导向功能。

（三）多元性原则

主题班会的主体是参与活动的师生，而评价的重要目的，是充分调动参与主题班会师生的积极性，促进主题班会的质量不断提升。要达到这样的目的，主题班会的评价必须坚持多元性原则。主题班会评价的多元性原则，主要包括三方面：一是评价主体的多元，参与班会活动的教师、学生，受邀观摩的其他课任教师和家长都可以作为评价者。通过不同视角的评价，对主题班会进行全面考察、评估和分析，为主题班会针对性、实效性的切实增强提供路径和启示。二是评价角度的多维，既要对班会的基本环节和过程进行评价，也要对教师在班会过程中所体现的教育理念、育德素养进行评价，也可以对学生的表现、班会活动内容与形式、活动效果等进行评价。三是评价方法的多样，包括质性分析、量化分析、课堂观察、问卷调查或访谈、延伸作业等。通过多种评价方法的运用，总结主题班会的特色，提出改进的策略。

四、主题班会评价的课堂观察

课堂观察是主题班会活动评价最常用、最基本的方法，即通过对主题班会进行参与性的观察，体验真实的课堂情境，依据一定的评价指标对主题班会的过程、学生认知能力发展以及学生思想动态变化等进行全方位的观察。课堂观察不仅关注学生和教师的课堂细节，也关注教师施教的教育理念与教育意识。评价者通过课堂观察不仅获得对主题班会作出评价的依据，还凭借观察思考提出进一步优化主题班会的策略。从某种意义上来说，这是一种秉持研究的态度和理念走入课堂，进行观察和评价的研究方式。

课堂观察主要步骤大致是：首先，课前观察，了解相关班级的基本情况，包括班集体建设、学生自主发展水平、学习能力等，也包括了解其他课任教师对相关班级的评价等，仔细阅读教师的班会教案设计，了解教师针对班会所做的前期准备和设计思路；其次，课中观察，即多角度观察班会活动和要点环节的记录，如班会活动过程中所体现的教育理念，教师的导入语和过渡语，教师的提问，教师独特的见解，教师对学生的引导与促进的方式，学生的提问和分享交流，学生认知的发展与变化及其在小组活动中的表现等，并据此分析主题班会的目标确立、活动设计、活动方法和活动效果；最后，课后梳理总结，整理听课记录，梳理主题班会活动设计的结构和思路,将重要的细节补充完整,结合观察与思考对主题班会作出评价。

图7-3　课堂观察的步骤

评价可采用定性描述和定量分析结合的方式,从活动目标、活动内容、活动设计、活动的方法和手段、学生参与和活动效果等方面具体分析其中的得失。评价既要有观点,也要有依据,这样才能揭示主题班会的"质",从而让被评价者真正有所悟,有所得。课堂观察可以有许多维度,由于受时间和内容限制,很难做到对主题班会进行全方位观察,一般而言,主要从以下几个角度对主题班会进行观察。

(一) 学生的参与状态

学生的参与状态是指学生是否主动积极地参与主题班会活动过程,如参与活动的时间和广度,独立思考问题的时间,以及在参与主题班会过程中情感因素的投入等。关注学生的课堂参与状态,有助于评价者判断主题班会目标是否适切,选用的素材是否切合学生的生活和思想实际,所采用的活动形式是否喜闻乐见等。评价者可据此对班会的目标、过程、结果作出评价,对教师改进和提高主题班会的针对性、实效性提出建议。

(二) 学生发展能力的培养

主题班会是促进学生增强自我认知、挖掘个人潜能、促进自主发展的重要平台。班主任作为班级的管理者、主题班会的策划和实施者,在努力达成主题班会目标的同时,必须充分考虑如何在班会活动过程中,通过问题探讨、观点分享、自我认识等方式,培养学生学会思考、流利表达观点、运用材料分析观点、培养合作意识等方面的能力,为学生自主发展奠定基础。评价者注重这方面的观察,可以对教师的育德理念和引导学生发展的策略运用作出评价;同时也据此对教师学习教育理论、提高育德能力和教育素养提出改进的建议,从而使教师的专业成长成为培养学生发展能力的重要保证。

(三) 活动设计

学生参与班会活动的程度和效果,不仅取决于学生自身的主体意识和活动能力,更取决于教师对于主题班会的目标设定和活动设计。如目标与学生认知水平的适切程度,教师对于主题班会活动内容和方式的整体把握,能否为学生参与活动提供相对充分的时间和空间,等等。评价者从活动设计这一维度来观察主题班会,可以获得主题班会实施的整体印象,进而对主题班会进行多维度的评价,提炼总结主题班会的特色和亮点,提出改进建议。

基于课堂观察的评价,可参考列表中的关键词:

表 7 - 1　课堂观察评价的关键词

指标体系	评价标准关键词
活动目的内容	目的明确、要求具体、内容适切、密度容量恰当、有机结合学生品德教育等
活动过程方法	活动环节紧凑、节奏适度;抓住关键、突出重点;活动形式、方法、手段的运用切合内容需要、学生实际和特点;面向全体学生的启发引导等
教师育人素养	条理清晰、调控应变能力强、教态亲切自然、语言准确生动、板书清楚规范、设计合理等
活动即时效果	活动任务的完成度,学生能力的培养,学生注意力集中、思维活跃、参与度高等

五、案例分析

预备年级主题班会

(一) 主题班会案例

主题:诚信——最美的承诺。

教育背景:

当代中学生正处于一个多元、开放和变化的社会环境中,由于社会环境、学校道德教育、家庭教育以及青少年自身等多种因素的影响,刚步入初中的学生缺乏道德选择能力,也意识不到要为自己的道德行为承担责任,道德责任感相对缺失,因而提高预备年级学生的道德抉择能力对他们的人格培养具有重要意义。

在学校求学时,我们应抱着"知之为知之,不知为不知"的态度,这是对于学习的诚实。同样地,在人际交往中建立和谐友好的同伴关系,首先应当做到的也是真诚相待。反观现在预备年级学生在学习和人际关系问题的处理上,经常忽略的就是"诚信",轻易许诺却不兑现、交友不真诚、不诚信考试等现象时有发生。面对这些现实问题,必须坚持从诚信出发,通过诠释诚信的多重意义,引导学生理解诚信的真谛,通过对具体问题的分析思考,逐步树立诚信的道德观念,进而切实提升道德抉择能力。

教育目标:

1. 理解诚信的内涵,思考信守承诺中存在的问题及解决方法。

2. 通过田家炳先生的故事,认识信守承诺的重要意义,树立诚信的道德观念和正确的价值取向。

实施过程:

1. 导入与铺垫

设计意图:通过商鞅立木取信的故事,引发学生对诚信话题的思考,引出诚信这一主题。

商鞅任秦孝公之相,欲为新法。为了取信于民,商鞅立三丈之木于国都市南门,招募百姓有能把此木搬到北门的,给予十金。百姓对这种做法感到奇怪,没有人敢搬这块木头。然后,商鞅又布告国人,能搬者给予五十金。有个大胆的人终于扛走了这块木头,商鞅马上就给了他五十金,以表明诚信不欺。这一做法,终于使老百姓确信新法是可信的,从而使新法顺利地推行实施。

教师PPT呈现商鞅立木取信的故事,然后问学生,如何看待商鞅这一做法?学生在思考讨论后,提出了"信守承诺,守信用,讲信用"等这一系列关键词,借助学生的分享,教师引出主题班会探讨的话题——诚信,并巧妙地揭示诚信的第一层含义——守信。

2. 展开与深化

(1) 解读"诚信"

设计意图:通过头脑风暴的方式对一些生活现象进行思考分析,引导学生通过自我判断去解读诚信的内涵,培养学生思考、分析问题的能力。

活动过程：教师首先提问"诚信是什么，它又会给我们带来什么"，学生经过"头脑风暴"，给出了自己的答案。有的说，诚信是讲信用，信守承诺，一诺千金等；有的说，诚信带给我们友谊、尊重、信任……紧接着，教师以视频的方式列举若干生活实例，请学生解读这些实例是否体现了诚信。例如，①面对身患重病的病人，医生都称"没太大的问题"；②当朋友问你，他新买的书包是否漂亮，虽然你认为书包并不漂亮，但你却赞赏他买的书包很有个性；③放学路上，一个陌生人问小红要小丽的电话号码和家庭住址，小红明明知道小丽的电话号码和家庭住址，但她却对陌生人说不知道……针对这些现象，学生思考讨论交流之后，基本达成了共识。一致认为这几种现象不是不讲诚信，而是充分考虑他人的感受，是一种善意的谎言，因为诚信的前提是不应伤害他人的自尊。针对学生达成的共识，教师作了归纳：第一，诚信带给我们友谊、尊重、信任；第二，诚信是讲信用，信守承诺，一诺千金；第三，诚信并不意味着说出全部的真话，在某些情况下善意的谎言比实话实说更有效。至此，通过自我思考、解读，教师概括归纳，学生对诚信的含义有了清晰的认识。

（2）信守承诺需要行动力

设计意图：强调诚信需要注意的问题，即信守承诺需要行动力。通过生活情境引入、海报旅行等方式，让学生充分互动交流，深入思考信守承诺的行动力从何而来，从而为认识深化做好铺垫。

活动过程：

① 案例介绍：李状的问题。李状是个很热心、豪爽的男孩，平时不论谁找他帮忙，他总是一口答应："没问题！包在我身上了。"可是由于种种原因，他答应的事情往往不能兑现，事后他也不向对方解释清楚。渐渐地，大家有事也不愿意再找他了，甚至有的同学还有意疏远他。李状感到非常委屈，觉得大家不理解他。

② 学生小组讨论，分析李状存在的问题，并进一步思考信守承诺应当怎样行动。学生起初都是围绕李状未能信守承诺的表现展开讨论的，认为他"轻易许下承诺却不兑现，一口答应了却不去做"。针对这一情况，教师通过追问"在作出承诺前需要考虑哪些问题"，引导学生从"怎样才能做到信守承诺"的角度进行深入思考。经过讨论，学生认为，信守承诺需要考虑时间、能力、事情的难易程度，如果作出承诺后没有在约定时间内兑现，应该真诚地道歉，并尽量寻求弥补的方法。接着，教师安排全体学生参与"海报旅行"的活动，让学生充分开动脑筋，为

信守承诺开展行动、拿出金点子。每个小组将讨论成果写在海报上,然后在各小组间轮流传阅,其他小组如果觉得某个小组的点子很好,就在这个小组的海报上贴上爱心。每张海报在每组停留的时间是 30 秒,通过"海报旅行"的方式分享并点评每个小组的讨论结果,学生加深了对信守承诺需要行动力这一问题的认识。在此基础上,教师作出概括,信守承诺需要行动力的支持;承诺需要慎重,要充分考虑自己的能力、时间和其他客观条件;如果失信,应该真诚地道歉,把原因解释清楚,努力寻求合理的解决办法和补救措施。

(3)信守承诺是一种人生的选择

设计意图:这是本节班会课讨论的重点,也是本节班会课主题深化之所在。教师先讲述一位商人面临两难选择的故事,请学生猜测结局。一方面激发学生讨论的热情,另一方面为引出田家炳先生的惊人之举作充分的铺垫。通过田家炳先生的精神感召,促进学生对于"诚信是最美的承诺"产生深切的认识。

活动过程:

图 7 - 4 漫画

① 学生看漫画,并思考漫画所表达的如何权衡利益和诚信的主题,为后续的案例分析埋下伏笔。

② 教师讲述一个真实的故事。2008 年亚洲金融风暴的来临,使得一位商人旗下的物业租金收入大幅减少。这虽然对他的生计没有产生影响,却严重影响了他已经承诺的资助办学的专案。如果要兑现这个耗资千万的承诺,唯一的办法就是卖掉仅有的一套供自己和家人居住的别墅,而当时房地产市场不景气,要卖掉别墅的话只能以低于市价一半的价格成交,为此,这位商人正在为最后的选择伤透脑筋。讲完这个故事后,教师问学生:"假如你是这位商人,你会如何选择并说明理由。"有的学生的回答是不卖别墅,因为需要考虑家人,同时也需要支付

生活成本；有的学生则认为应当卖掉别墅，因为一旦承诺就必须坚定信守，而且他是一个商人，商家需要的就是诚信。在学生热烈讨论之后，教师揭示了故事的结局，这位商人在妻子和儿女的全力支持下，毅然做出了一个惊世骇俗的壮举：卖掉全家人一起居住的别墅资助相关学校办学！多少年过去了，这位商人从不后悔自己当初的决定，他说："我的钱用在最有用的地方，比我自己用更有意义。"这位商人究竟是谁呢？教师告诉学生，他就是田家炳先生。接着教师用数字故事的形式，呈现了田家炳先生的生平事迹。田家炳先生慷慨捐资助学的事迹使大家受到极大的震撼，在分享交流环节，学生纷纷表达了自己真切的感受和对田家炳先生崇高的敬意。最后，教师总结道：田家炳先生的故事告诉我们，诚信是一种人生的选择，更是一种大爱与奉献。因而我们可以说，诚信是最美的承诺！

3. 总结与提升

设计意图：本环节是班会主题的深化，学生以"诚信笔记"的方式将自己在这节主题班会课上的感悟记录下来，真切地领悟"诚信不讲究伟大，讲究的是有没有诚信的意识"这一深刻的道理。

活动过程：学生用 3 分钟记录"诚信笔记"，写下自己的感悟和思考，然后进行交流分享。不少学生由田家炳先生兑现承诺的义举联系到自己，认为诚信应当从每件小事抓起，做到诚信也是对个人意志和毅力的锻炼与考验，凡是作出的承诺都必须兑现，这样才能逐步培养诚信的品格，完善人格。最后，教师对全体学生提出了殷切希望："诚信的第一步就是从小事做起，由小见大，从我们的'诚信笔记'开始，从自律和战胜自我做起，这样我们每个人才能培养起诚信的美德！"

（二）主题班会评价

本节班会课以"诚信，最美的承诺"为主题，以生动多样的案例分析思考贯穿班会活动的全过程，以认知建构理论为指导，引导学生在对案例的思考分析中逐步提高认识，并付诸行动。这节主题班会课有以下几个特点：

1. 主题选择和目标设定有助于学生道德认知和道德实践能力的发展

诚信教育从属于德育范畴，是让学生加强对诚信的道德认知，形成诚信的道德情感，强化诚信的道德意志，并外化为诚信的道德行为，最终形成诚信的人格和世界观。同时,诚信教育也是品德教育的一个方面,班会聚焦诚信这一主题,巧妙地选择了品德教育的切入点,为由浅入深地推进学生认知水平的提升创设了重要前提,也为不断提高学生道德抉择能力提供了有效路径。本节主题班会课的目标设定体现了发展性原则,充分考虑到学生现有的认知水平和班集体建设的需要,切实提高学生对于诚信品格培养重要性的认识,促进班集体形成正确的价值取向。同时,作为田家炳中学的学子,更要以学习田家炳先生的精神作为自己成长的必修课,这样才能将当下的成长和长远的人生发展结合起来。

2. 精当的素材选用激发了学生参与的热情

提高学生的道德认知能力,培养学生的诚信观,不能只靠单纯的说教和灌输,而要从贴近学生思想生活实际的素材选用和情境创设入手,让学生变被动接受为主动参与,在具体的情境中体验感悟。学生有了参与班会的热情,才能沉浸其中,才能使主题班会产生实效。本节班会中,教师以商鞅立木取信引入,激发了学生的兴趣;接着以切合学生年龄和认知水平的几个生活中的实例引发学生对诚信内涵的多角度思考,这些事例学生都有所听闻,也都很容易理解,因而能够很投入地去思考分析;随后列举了与学生年龄相近的同学所遇到的尴尬,请学生一起帮助他们解决问题;此外,教师还引用漫画给学生以直观的印象,凡此种种,都让学生自然地结合自己的学习和生活来思考诚信的意义。尤为精彩的是,教师巧妙地选用了田家炳先生信守承诺的故事,使得田家炳中学的学生更易产生共鸣,拉近了学生和田家炳先生的距离,从而使学生对诚信有了更深入的思考,起到了独特的教育效果。由此可见,精当的素材选用,为激发学生积极投入主题班会发挥了重要的先导作用。

3. 活动的过程设计体现了学生为主体的教育理念

主题班会的功能之一,就是不断促进学生自我认识、自我发展能力的提高。思想道德教育贵在引导学生在思辨体悟中获得提高,增强自主意识,追求知行合一。本节班会课在活动过程的设计方面较好地体现了以学生为主体、促进学生自主发展的理念。这节主题班会课的设计思路是:首先引导学生理解诚信是什么,然后进一步思考如何做到诚信,最后从人格修炼的角度引出诚信是一种人生选择的结论。需要强调的是,这一设计思路是通过引导学生不断地自主思考与分析来实现的。教师在主题班会中呈现的案例和相关素材,都没有现成的答案,因而这些素材和案例既是主题班会的内容,又是锻炼学生自主思考与分析能力的重要载体。在出示案例和素材的同时,教师启发引导学生深入思考。例如,NBA 球星巴克利吻驴和诚信有什么关系? 生活中常见的善意的谎言,对于理解诚信有何启示? 等等。这些问题都具有一定的开放性,通过引发学生的认知冲突,使其进行深入的思考与分析,进而达成共识。从整节班会来看,学生是在不断的思考与分析中来提高认识的,尤其是对田家炳先生卖别墅助学的义举,学生都能将案例和素材的内容上升到人格和美德,从而理解田家炳先生的抉择。除了问题引导之外,这节班会所采用的丰富多彩的活动形式,如新闻照片背景分析、以头脑风暴的方式对日常生活现象予以评述、以"海报旅行"的方式提出解决问题的方案,以及漫画寓意的解读和数字故事的呈现等,都为引导学生对问题进行自主思考,并自觉进行自我对照提供了有效抓手,从而锻炼了学生思考问题、分析问题的能力,增强了自主发展的能力。

(三) 教师的反思

教师反思是多元评价的重要组成部分,让教师由评价对象转变为评价者,有助于多视角地对主题班会进行考察和评价,也有利于调动教师对主题班会进行改进优化的积极性。同时,反思也是促进教师成长的阶梯。美国学者波斯纳提出了教师成长公式,即"经验+反思=成长",因而,反思对教师发展具有非同寻常的意义,只有善于反思,才能不断提升教育素养。

教师主要围绕以下几个方面对本次班会进行了反思:

从目标达成度上看,本节班会通过新闻故事、生活实例、案例分析等多种形式让学生充分体验,在交流分享中理解诚信的内涵和意义,学生最后的分享是整节课效果的充分证明。总的来说,即时性比较突出。但还须引导学生做到知行合一,提升个人品格。

从内容适切度上看,本节班会课授课年级是预备年级,作为刚进入中学的学生,了解学校文化、学习田家炳的精神是一门必修课。结合田家炳先生的故事来谈诚信,一举两得,既让学生更好地认识和了解田家炳先生,又为其责任感的提升带来重要的启示。此外,选择诚信这个话题,主要还是基于学生不重视"诚信"的现象,以这个话题为抓手,可以对学生的人格培养起到重要的引领作用。

从主题班会的活动过程来讲,师生互动自然,真情流露,形式丰富。通过小组游戏、小组讨论、全班分享的方式,学生深入思考诚信的意义。活动过程中,教师巧妙地呈现田家炳先生的故事,从数字的资料到文字的资料,由学生直观的感受引发其内心的震撼,达到了预期效果。

从学生的反馈来看,他们比较喜欢本节班会的内容和形式安排,如有趣的新闻故事、头脑风暴、"海报旅行"、漫画解读、观点选择到最后的结局揭示等,都令人印象深刻。此外,以田家炳先生的诚信故事作为主题班会的重要内容,使得身为田家炳中学的学子,更有共鸣和感悟,在惊叹和震撼中加深了对诚信的思考。课后,学生做的成长拼图及所写的"诚信笔记",也进一步验证了整节课的效果。

本节班会的不足之处是教师对于学生所提问题的回应方式还比较单一。如何更好地提炼概括学生的语言而不是简单重复,还需要在以后的教育教学实践中不断提高。此外,"诚信笔记"是一种课堂即时性的反馈,如何更好地将诚信的价值认识与实际行动结合起来,还需要增加行动力作业。

初二年级主题班会

（一）主题班会案例

主题:好问质疑助力学习。

教育背景:

人生是一个不断学习的旅程,《礼记》中说:"玉不琢,不成器;人不学,不知道。"何谓学习? 如何更有效地学习? 哪些因素影响了学生的学习? 这是教师要研究的重要课题。青春期的学生正处在人生最美的花季雨季,面对刚刚铺展开的人生道路,他们充满好奇和探险的精神,同时,他们的心理、生理也正发生着急剧而复杂的变化。多思多梦,对未来有种种的理想,却缺乏必要的知识;有充沛的精力而又缺乏足够的自制能力;有冒险精神却又缺乏思辨思维……他们是最活跃也是最敏感的群体。在信息化浪潮席卷全球的今天,"00 后"一出生就处在高速发展的互联网环境中。随着智能手机、网络游戏、移动平板等电子产品的普及,影响学习的外在因素也越来越多。据调查显示,"00 后"的学业负担呈加重趋势,然而认为学习重要的比例却呈现下降趋势。伴随这一现象产生的是电子产品占有率呈现多样化的趋势,这在无形之中消磨了许多宝贵的时间,导致学生缺乏学习动力,注意力不集中,缺乏好问质疑的探究精神,容易产生疲劳等问题。

要解决中学生在学习上面临的诸多问题,开展学业指导是一条有效的路径。"好问质疑助力学习"这个主题,从学习方法这个角度出发,探讨学生在养成"好问质疑"的过程中所必备的潜质,激发学生学习意愿,从而引导学生意识到好问质疑的重要性,养成好问质疑的良好习惯,在实践中学会质疑,掌握方法和策略。

教育目标:

1. 理解好问质疑的重要性以及好问质疑需要具备的潜质和条件。

2. 逐步学会好问质疑的不同方法,将其应用于实际学习中,提高学习效率。

实施过程:

1. 导入与铺垫

(1) 创设情境,引出话题

设计意图:通过演示小实验创设问题情境,引发学生质疑探究的兴趣,进而引入主题。

① 教师演示物理小实验。

演示实验的第一步是教师拿出两个空的矿泉水瓶,并事先告知学生两个瓶子底端分别有一个小孔,然后往这两个空瓶里装水,瓶底有水流出,证明瓶底有洞。这时,教师请学生猜想,如果瓶子装满水并盖好瓶盖之后,瓶底是否还会有水流出;接着教师开始演示实验的第二步,将两个瓶子均装满水并盖好瓶盖。结果令学生大吃一惊:其中一个瓶底有水流出,而另一个瓶底却没有水流出。

② 学生讨论交流。

教师做完演示实验之后,启发学生思考这一现象背后的原因,并询问学生是否存在疑惑。有学生说自己以前做过类似的实验,比如说在喝可乐的时候,堵住吸管的上方,吸管里面的可乐不会流下来;也有学生猜测这与瓶盖是否盖好有关。为了验证学生的猜想,教师请学生上讲台检查瓶子,学生这才发现问题所在,原来其中瓶底流水的瓶子,瓶盖上有一小孔。发现了问题的症结,学生就用气压的原理很好地解释了这一现象。经过演示实验、发现问题、揭示原因的过程,教师充分肯定学生勇于提问和积极思考的态度,进而引出班会的主题——好问质疑助力学习。

2. 展开与深化

(1) 分析故事,理解内涵

设计意图:简要介绍三则小故事,引导学生讨论与分析三则故事分别体现了好问质疑的哪些特质,进而理解好问质疑的内涵。

① 教师用PPT介绍三则故事。

其一,以图片呈现伽利略质疑亚里士多德的故事。亚里士多德在当时的科学研究方面具有崇高地位和绝对权威,许多科学观点都被人们奉为真理。但伽利略在做实验的过程中却发现,自由落体的现象和亚里士多德的理论是互相矛盾的,于是他通过一个实验来质疑。他在比萨斜塔上做实验,将两个重量不同的球体从相同的高度同时扔下,结果两个铅球几乎同时落地。由此他发现了自由落体定律,从而推翻了此前亚里士多德提出的重的物体会先到达地面,落体的速度同它的质量成正比的观点。

其二,爱德华·琴纳发现"天花"治疗方法的故事。英国乡村医生爱德华·琴纳发现,英国乡村一些挤奶工妇女好像从来不患天花,由此他猜测她们可能是从乳牛身上感染了牛痘,于是琴纳致力于种牛痘的观察和试验。某日,他从一位挤牛奶女工手背上的牛痘里,吸取少量脓汁,接种在一名儿童身上。两个月后,他又给这名儿童接种天花病毒,结果该儿童并没有出现天花的症状。这次试验的成功,使琴纳增强了接种牛痘的决心,伴随着他的著名论文《关于牛痘的原因及其结果的研究》的发表,牛痘接种法也正式诞生。在琴纳之前,也曾有人试种过牛痘,但由于没能进行科学的试验来验证,最终并未取得成功。

其三,王戎识李的故事。王戎七岁的时候,有一次和朋友们一起玩耍,路边有一株李子树,结了很多李子,枝条都被压弯了。那些小朋友看到树上结了很多李子,都争先恐后地跑去摘,却唯独王戎没有动。有人问他为什么不去摘李子,王戎回答说:"这树长在路旁,却有这么多的李子,这李子一定是苦的。"人们一尝,果然是这样。

② 学生讨论分享。

教师要求学生结合对三则故事的分析,理解好问质疑的内涵。学生经过细致分析和讨论分享,有以下一些认识。他们认为,伽利略的故事告诉我们不要盲从权威,任何结论都要有科学的依据,不能凭主观想象;琴纳的故事说明观察思考和实验验证是好问质疑的必备要素;王戎识李则启发我们独立思考的根本是要透过现象看本质,没有独立思考,也就没有好问质疑。在学生分享交流的过程中,教师引导学生把所得到的启示与个人的学习联系起来,深入思考培养好问质疑的品质对于提高学习能力的重要意义,增强了学生对努力培养好问质疑好习惯的重要性的认知。

（2）事件研判,体验感悟

设计意图:选择两个事例,引导学生在事例分析的过程中,体验感悟如何进行质疑探究,从而加深对好问质疑意义的认识。

事例1:温水煮青蛙。

① 请学生讲述"温水煮青蛙"的故事,并探讨这个故事的寓意。

"温水煮青蛙"的故事来源于19世纪末美国康奈尔大学科学家做的一个"水煮青蛙实验"。科学家将青蛙投入40摄氏度的水（不是沸水）中时,青蛙因受不了突如其来的高温刺激,立即奋力从水中跳出来得以成功逃生。而当科研人员把青蛙先放入装着冷水的容器中,再缓慢加热（每分钟上升0.2摄氏度）,青蛙反而因为开始时水温舒适而在水中悠然自得。当青蛙发现无法忍受高温时,已经心有余而力不足了,无法跳出盛水的容器,不知不觉间被煮死在热水中。

② 介绍北京某位生物老师的相同实验的结果。

北京的一位生物老师对温水煮青蛙的实验的真实性产生疑问,于是他便让学生进行分组实验,每个小组对放着青蛙的容器里的水慢慢进行加热。当水温达到60℃时,就开始有青蛙从水里跳出来,当水温加热到60℃～65℃的时候,所有的青蛙都跳出来了。这个实验结果与经典的"温水煮青蛙"故事大相径庭。

③ 学生分享交流。

两个实验得出的不同结果,尤其是后一个实验是在对大家熟知的著名实验产生疑问后所做的,并且颠覆了人们原有的认知,这使学生感到震惊,也引发了他们更多的思考。在讨论交流的环节,学生们纷纷举手发言,表达自己的感悟。有的学生说:"在听到'温水煮青蛙'几个字时,我丝毫没有怀疑这个实验的结果,然而第二个实验却使我感到非常惊讶,一个被我们广泛接受的结论就这样被推翻了";还有的学生说:"北京那位生物教师的实验给我带来了很多启发,对于一些既定的结论,同样需要经过自己的思考,也要勇于提出自己的不同看法,这样,我们才能学会对问题进行深入分析和思考。"在学生热烈讨论交流的基础上,教师作了归纳,希望每个学生都明白这样的道理,即培养质疑思辨的品质和学习习惯比仅仅关注学习的结果更重要,只有学会对任何事物都要问一问"为什么",学习能力才可能真正得到提高。

事例2:福尔摩斯破案。

① 案件——火柴棍之谜。

在一家私人府邸的三楼客厅里,主人将宝石之类的装饰品放到桌子上,外出归来后发现其中一颗最便宜的宝石被盗,且不知为什么桌子上留有一支火柴。房间的门是上了锁的,窗户开了一点。三楼的房间很高,窃贼不可能使用如此高的梯子,从窗外进来。并且这种同一手段作案已经是第三次了,前两次盗贼也是从很多宝石中拣了一颗最便宜的。令人不解的是,竟然会有如此不贪心的窃贼,而且每次作案后都同样在桌子上留下一支火柴。目前已知的信息有:①三次窃案使用的是同一种手段;②作案时家属、客人及佣人都有不在场的证明;③没有使用梯子破窗而入的迹象;④盗贼每次只盗走一颗最便宜的宝石;⑤作案时间是白天;⑥现场留下的火柴棍上有用硬物夹过的痕迹;⑦秘书的房间里有个笼子,饲养了一只鹦鹉。根据以上情况,侦探马上指出了谁是罪犯。那么,罪犯是谁?现场留下的火柴究竟意味着什么?

② 学生讨论交流。

学生根据给出的七条线索,很快判断出秘书是盗窃者,然而对现场留下的火柴,学生还一时无法作出准确的判断。于是教师鼓励学生既要发挥想象,又要合乎逻辑地分析盗窃者具体的作案过程。有学生分析说,应该是秘书先训练这只鹦鹉含着火柴,让鹦鹉飞到客厅里面,鹦鹉一张嘴,火柴就掉下来了,然后鹦鹉就会去选择和火柴质量差不多的宝石,衔着宝石飞出去,这样秘书就可以拿到宝石。有的学生不认同这种观点,他们认为鹦鹉这种动物应该会对颜色鲜艳的东西比较感兴趣,而最便宜的宝石色泽不佳,鹦鹉应该不会选的。也有学生说,因为火柴棍的质量是差不多的,鹦鹉训练久了,它习惯了那个质量,也就不用每次都叼着火柴棒飞到客厅去了,如果不把火柴棒丢在那里,侦探破案也就少了一项关键证据。尽管学生的讨论没有形成一致的结论,但是质疑大大激发了学生的思考,这是比得出结论更难能可贵的。结合学生的思考分析,教师作出归纳总结,重申质疑的重要性,启发学生要在日常学习中努力培养质疑探究的习惯,善于观察、分析、思考和推理,这样才能真正做到善学习、会学习。

3. 总结和提升

（1）对照反思，努力实践

设计意图：在认知和体悟的基础上，引导学生联系自身，思考分析日常学习中缺乏好问质疑的原因，增强质疑探究的动力。

学生通过思考梳理出日常学习中缺乏质疑探究的现象主要有这几种：①不敢问，怕老师和同学认为自己提的问题太简单；②不想问，认为老师讲的内容都是对的，书上的结论是不会错的；③不知道如何问，上课过程中经常有不会和听不懂的地方，但不知如何提问。针对学生梳理归纳的几种现象，教师通过分享班级里平时善于提问的学生的例子，分析他们不断质疑好问的原因，鼓励学生努力克服害怕出错、恐惧老师、盲目唯师等心理，逐步培养起凡事都要问个"为什么"的质疑习惯，这样就能一步一步实现自主学习、高效学习的目标。

（2）行动力作业

设计意图：通过行动力作业，促使学生将认识和行动结合，努力使好问质疑逐步内化为自觉行为。

选取科技节中的一个项目——"纸张承重"，要求每位学生拿出自己的改进方案。

要求学生在思考改进方案的过程中，总结好问质疑助力学习的重要意义。将本节主题班会课中列举的具体经验落实到行动中，强化对质疑探究的体验并逐步内化，养成质疑探究的良好学习习惯。

（二）主题班会的评价

如何引导学生开展有效学习，是提高学生学习能力的重要话题。这节班会课从学业指导的路径出发，聚焦好问质疑助力学习这个主题，针对学生存在的问题，引导学生深入理解好问质疑对于提高学习能力的重要意义，从而增强学生好问质疑的意识，使其掌握质疑探究的方法。这节主题班会课有这样一些特点：

1. 主题选择和目标聚焦体现了问题导向原则

主题班会如何体现促进学生发展的功能，在具体实施的过程中可以有多种考量和路径。这节班会课的主题选择和目标聚焦是以解决问题为方向的，即解决学生如何有效学习的问题。一般而言，学生学习效益不高有智力因素和非智力因素的影响，如学习的动力问题、学习策略方法问题、自我认知的问题、家庭教育问题以及影响学习的各种客观条件等。这节主题班会以增强学生质疑意识、增强质疑能力为目标，素材选择和过程设计都着眼于问题的解决，从而使主题班会呈现出比较清晰且严密的问题导向的逻辑架构。需要强调的是，主题班会通过好问质疑的体验尝试，不仅促进了学生深刻认识好问质疑对于提高学习效益的重要意义，还以好问质疑为抓手，锻炼学生的思维品质，从而提高学习能力。从这个意义上来说，只有解决学生思维品质的锻炼与提升问题，才能为学生学习能力的提高和自主发展意识的增强提供有效路径。

2. 问题情境的创设促进了学生的体验感悟

由于缺失设计理念，主题班会在实施过程中往往容易出现两种极端的情况。一种是单纯地灌输说教，学生只是被动接受，而缺少对问题的深入思考及体验感悟的过程；另一种则是片面追求表面热闹，演讲、表演、视频、游戏等轮番上场，却未能与教育内容有机结合。这样的主题班会由于缺少了学生主动发现、思考、转变、提升的认知过程，因而收效甚微。这节主题班会课的突出特点之一，就是以创设问题情境的理念，设计引导学生体验感悟的情境，让学生经历思考、分析、建构的过程。教师则针对学生在这一过程中所暴露的问题及认识的变化给予及时的启发引导，围绕学生理解质疑、敢于质疑、学会质疑这一逐层递进的思路创设了多个问题情境。如先从演示小实验入手，引发学生质疑探究的兴趣；接着分别以伽利略通过实验推翻亚里士多德的结论发现自由落体定律、爱德华·琴纳发现消灭天花的牛痘接种法、中国古代王戎识李的故事启发学生思考，进而让学生理解好问质疑需要哪些关键能力。在引导学生理解好问质疑的内涵之后，教师又分别以"温水煮青蛙"的实验被后人质疑并推翻、福尔摩斯破案这两个事例让学生尝试质疑，提出自己的观点并拿出依据进行分析。正是这些环环相扣的情境创设，让学生在主动尝试体验的过程中真切感悟到好问质疑意味着需要仔细观察、深入思辨和严密推论。有了这一认识基础，教师再要求学生联系自身，分析日常学习中不能做到好问质疑的原因也就水到渠成了。简而言之，由于凸显了学生主动体验感悟的过程，就为主题班会的目标达成提供了切实保证。

3. 通过学生自我评价，落实认知的应用迁移

这节主题班会课以好问质疑助力学习作为锻炼学生思维，优化思维品质的重要抓手，并以此探索提高学生学习能力的有效路径。当然，提高学习能力仅靠一节主题班会课是远远不够的，锻炼思维、优化思维品质需要在长期的学习实践

中通过坚持不懈的努力才能实现。而主题班会可以发挥重要的指导功能,增强学生认知和行动统一的意识。仅仅认识到好问质疑的重要性是远远不够的,还必须付诸实践,在学习实践中,学会质疑、敢于质疑、善于质疑。这节主题班会课的一个特点就是强化落实学生认知的应用迁移。班会活动中有两个环节的设计体现了这一特点:一是学生自我分析评价的环节,教师引导学生先提出问题,分析归纳出日常学习中不能做到好问质疑的三个原因,由此,学生的自我分析评价就为教师引导学生寻求问题解决的方法路径提供了条件;二是班会最后环节,教师设计的行动力作业,要求学生为学校科技节"纸张承重"的项目,设计一个改进方案,并在其中列出自己对原方案的质疑。通过行动力作业,引导学生把认知和质疑探究的实践有机结合起来。这既为学生在自主探究中体悟好问质疑的重要意义提供了载体,也使得主题班会的教育成效由课内向课外拓展延伸。

(三) 教师的反思

作为主题班会多元评价的重要组成部分,主题班会实施者的自我评价无疑为主题班会的评价提供了更多的视角,同时也为主题班会的改进提升创设了有利条件。教师的反思主要围绕目标达成度、内容适切度、教学过程、课堂反馈以及不足五个方面展开:

从目标达成度来看,本节班会课不仅让学生意识到好问质疑的重要性,也使学生通过切身的体验学会了应该如何质疑,让学生体会到在平时的学习中养成好问质疑好习惯的重要性。课后行动力作业的设计意在进一步落实强化好问质疑的具体实践。

从内容适切度来看,本节班会课针对班级学生的学习状况,以"好问质疑助力学习"为主题,对提高学生学习能力有着较强的针对性和启发性,素材选择难度适宜,贴切学生生活。此外,名人轶事和科学家的小故事,涵盖古今中外,具有代表意义,给学生很大的启发。学生通过体验感悟,进一步深化对问题的认识,为问题解决提供了帮助。

在班会活动过程中,教师始终抓住要想"质疑"先要"设疑"这条主线,引导学生大胆质疑,在切身体验中不断感悟新知。

从教学反馈来看,在本次主题班会之后,班级各学科的任课老师都发现,学生在课堂上举手提问,大胆说出自己想法的人数比以前明显增多。同时,每位学生都对其他同学在课堂上的大胆质疑表示赞赏。由此可见,这节主题班会课产生了一定成效,好问质疑的学习风气在班级中正在逐渐形成。

　　这节主题班会课的不足是,课堂容量大,活动多,每个环节的时间安排尚嫌仓促,部分案例学生的交流讨论不够充分,这要求教师今后在主题班会的设计中,更好地处理内容选择与时间安排的关系。

附录

主题班会活动资源参考

　　主题班会是一种学生喜闻乐见且极富教育意义的组织形式,旨在充分发挥集体的智慧和力量,使学生在集体活动中受到教育和熏陶,从而提高其综合素质。主题班会的形式多种多样,本附录从学生个体与班级群体的视角出发,梳理了部分主题班会活动资源,并作了大致分类,供教师参考选用。

一、自我认识

　　活动一:我的"自画像"

　　活动目的:

　　1. 通过画"自画像",引导学生进一步认识自己,展示一个"内心的我"。

　　2. 通过交流帮助学生读懂你、我、他,增进彼此的理解。

　　活动时间:

　　10 分钟。

　　活动道具:

　　彩色笔和 16 开的白纸。

　　活动程序:

　　1. 教师发给每位学生一张 16 开的白纸,将彩色笔放于场地中央,供需要者自由取用。

　　2. 在 8—10 分钟内,每人在白纸上画一幅"自画像"。

　　3. 小组内交流"自画像"的含义,同组学生可以提出质疑。

　　4. 教师寻找其中的典型案例并在班内分享。

　　注意事项:

1. 教师可以提示,"自画像"可以是形象的肖像画,也可以是抽象的比喻画;可以由一色笔画成,也可以由多色笔画成。

2. 有的学生会因为自己的绘画技能差而感到为难,教师要着重提醒学生这个游戏不是绘画比赛,大家只要通过自画像来反映对自我的认识。

3. 教师在寻找典型案例时,可以关注"自画像"的大小、位置、色彩、内容等,还可以关注学生在画"自画像"时以及相互交流时的神情。

活动二:我的最爱

活动目的:

1. 思考自己"生命中最重要的五样东西",通过对留与舍的决定,帮助学生澄清自己的价值取向。

2. 在交流分享中,学生之间彼此启发,相互学习,深化对于价值观的认识。

活动时间:

20 分钟。

活动道具:

笔和纸。

活动程序:

1. 将全班学生分成六人小组,每人发一张纸和笔。

2. 教师要求学生把自己"生命中最重要的五样东西"写下来,小组内作交流。

3. 请每位学生想一想,假如要从五样中划去一样,首先划去哪一样? 划去的理由是什么? 接着,依次再划去另一样,直到最后剩一样。

4. 小组交流划去内容的顺序和理由,并在全班分享个人做出留与舍决定时的心理感受。

注意事项:

1. 注意营造一种安静、庄重的氛围,教师要做好前期的引导,让每个人能够在认真思考的基础上做出留与舍的决定,避免轻率、随意、肤浅。

2. 待学生写完自己生命中最重要的五样东西后,安排小组交流,是为了让同学之间有一个相互启发、自我澄清的过程。交流后,允许学生修改。

3. 分享时,教师一定要关注学生在做出留与舍决定时的心理感受,是轻松、果断、明确地划去? 还是犹豫、痛苦、矛盾地划去? 最后只留一样东西的要求对有些学生来说是比较困难的。

活动三:寻找变化

活动目的:

1. 让学生体验"变"的快乐,感悟"变"的意义。

2. 在改变自己的同时学会欣赏他人的变化,并在变化中成长和完善自己。

活动时间:

15分钟。

活动道具:

无。

活动程序:

1. 用连续报数的方法,确定实际参与游戏的人数,要求为偶数。如出现奇数,教师也作为一员参与活动。

2. 如以50个学生为例,1—25号学生排成一排,26—50号学生在1—25号学生中,寻找一个"中意者",两两成对。

3. "成对"的两个学生面对面站立,相互关注对方1分钟。1分钟后,1—25号学生留在原地,26—50号学生离开原地,走到1—25号学生看不到的另一空间,所有学生在两分钟内对自己的外形做三个改变。

4. "成对"学生分别找出对方的三处改变,完成后,请26—50号学生留在原地,1—25号学生离开到另一空间,所有学生在现有的基础上分别做五个改变,限时5分钟。

5. "成对"学生分别找出对方的五处改变。

6. 教师请出有代表性的三对学生作分享。

活动讨论:

学生分享活动的体验感受。

注意事项:

1. 在寻找"中意者"时,要求学生最好寻找自己不熟悉者"成对",这样可以避免因彼此熟悉而轻易发现对方的"改变"。

2. 鼓励学生做出多于教师规定的三个、五个"改变",充分发挥想象力和创造力,设计出富于个性的"改变"。

3. 教师要注意捕捉有创意的"改变",进行全体分享。对有些无法找到对方"改变"的情况可以作为典型案例,引导全体学生共同寻找。

4. 对没有积极参与、没有做出响应和改变的个别学生,教师要及时暗示、启发、建议,让其投入游戏之中,避免影响学生的情绪,伤害其自尊心。

活动四:背后留言

活动目的:

1. 通过活动体验,培养学生客观对待他人评价的积极心态。

2. 通过背对背的评价,使学生认识到"别人眼中的我"是什么样子,通过他人的评价来全面认识自己。

活动时间:

15 分钟。

活动道具:

16 开白纸每人一张、大头针若干、背景音乐。

活动程序:

1. 教师公布活动规则,每个人一张 16 开白纸,在纸的最上面一行写下自己的姓名和对留言者说的一句话,大家相互帮助,把纸固定到自己的后背上。

2. 大家在同学的后背上写留言。

3. 10 分钟以后,教师请所有学生停下,拆下自己背后的纸条,认真查看他人对自己的评价。

活动讨论:

1. 人们因什么而欣赏你? 因什么而不欣赏你? 你认同别人的评价吗?

2. 哪些评价让你感到新颖、好笑而又确实符合自己?

3. 你是否看到自己潜在的优势或特长? 可能你未注意,而别人却已有所发现?

4. 这个游戏还带给你其他什么感受?

注意事项:

1. 在活动开始之前,教师须强调对待这次活动的态度:真诚、客观、负责。

2. 留言过程中,学生不能说话,要用非语言形式进行交流,留言内容是对这个人的认识,包括优点、缺点以及建议,还可以写上自己最想对他说的一句话,不用留名。

3. 在不同的班级,活动气氛可能会有所差别。如果班级内部学生关系融洽,该活动应该会取得比较好的效果。

二、情绪调适

活动五:情绪感应

活动目的:

使学生能够理解别人的情绪,增强同理心。

活动时间:

5分钟。

活动道具:

情绪卡(自备若干写有不同情绪词的卡片)。

活动程序:

1. 把学生分成五个小组,先向学生讲解活动详情:每位学生会得到一张情绪卡(每张情绪卡的内容不同),不可让其他同学看到自己所得到的情绪卡。

2. 学生在限定时间内随机寻找同班同学,用动作向他们表达情绪卡上的意思,当对方猜到情绪卡的词语时,请他在自己的情绪卡上签名。

3. 活动结束后,收集到最多名字的学生获胜。

活动讨论:

1. 哪些情绪词语是较难表达的?

2. 当对方不明白你所表达的意思时,你有什么感受?

3. 在生活中,当别人不明白你的感受时你有什么感觉?

注意事项:

1. 在限时5分钟内,教师可鼓励学生尽可能多地寻找同学,收集签名。

2. 在活动过程中,教师需要向学生强调,不可进行语言交流,只能用动作(肢体或表情等)表达卡上词语的意思。

活动六:情绪标本

活动目的:

1. 让学生掌握基本的情绪疏导的方法。

2. 懂得理性调控自己的情绪。

活动时间:

10分钟。

活动道具:

A4 纸、PPT。

活动程序：

1. 向学生发放 A4 纸，让学生在 A4 纸上写出近期的烦恼及其原因。

2. 通过头脑风暴，引导学生梳理解决烦恼的办法。

活动讨论：

1. 你如何看待解决烦恼的这些策略？它们是否有效？

2. 如果进一步优化这些解决烦恼的办法，你有哪些建议？

注意事项：

改变心情是治标，调整心态才是治本，治标和治本要同时进行。教师要提醒学生：只有采用治本的方法才能从根本上解决情绪问题。只要观念、心态有了改变，情绪自然也就会得到改善。

活动七：快乐清单

活动目的：

1. 使学生理解快乐情绪及其带来的好处。

2. 引导学生思考获得快乐的方法，进而发现生活的积极意义。

活动时间：

20 分钟。

活动道具：

无。

活动程序：

1. 请学生回想最近两周令自己开心的事件，在笔记本上列出"快乐清单"，每人至少列出十项。

2. 请部分学生分享"快乐清单"。

3. 小组脑力激荡法：在别人的"快乐清单"启发下，开动脑筋，尽可能多地寻找快乐，每个小组请一位学生做记录，完成小组的"快乐清单"。

活动讨论：

1. 分享你的"快乐清单"。

2. 听完别人的分享，你有什么新发现？

注意事项：

教师要重点引导学生关注并感受快乐的情绪及其带来的积极意义，而不是仅仅觉察情绪本身。

三、人际交往

活动八:我说你剪

活动目的:

1. 让学生体会沟通过程中单向与双向、封闭与开放、盲目与探索的区别。

2. 使学生进一步明确有效沟通的基础是双向沟通。

活动时间:

20 分钟。

活动道具:

16 开彩纸若干,剪刀若干。

活动程序:

1. 第一批游戏参与者,每人领取彩纸一张、剪刀一把,背朝圆心面朝外,围成一个圆圈坐好。

2. 按照教师指令:

(1) 把纸向上折、向下折,剪去一个等腰三角形。

(2) 向左折、向右折,剪去一个等腰三角形。

(3) 展开剪剩的纸,互相交流。

3. 剪纸过程中不允许提问、不允许讨论,独立完成。

4. 第二批参与者,每人领取彩纸一张、剪刀一把,面朝圆心背朝外,围成一个圆圈坐好。

5. 按照教师指令:

(1) 将长方形纸横向拿好,由左向右折三分之一,由右向左折四分之一,在左下角剪去一个腰长为 2 cm 的等腰三角形。

(2) 将剪剩的纸上下对折,由左向右折四分之一,再由右向左折三分之一,在右下角剪去一个腰长为 1 cm 的等腰三角形。

(3) 展开剪剩的纸,互相交流。

6. 剪纸过程中允许提问和讨论。

活动讨论:

1. 两次剪纸过程最大的区别是什么?

2. 你从这个活动中得到的启示是什么？

注意事项：

1. 教师准备的长方形彩纸,长与宽的差距不宜过大,以接近正方形为好。

2. 第一轮结束,可让参与者谈感受后再进行第二轮。两轮的参与者可以相同,也可以不同。

3. 第一轮必须强调不讨论、不提问,第二轮启发参与者互相参考、讨论及向教师提问。

4. 在比较各人的剪纸作品时,注意捕捉与众不同、有创新意识的理解和做法。

活动九：糖豆

活动目的：

1. 通过给予赞美,发现他人的长处,取长补短。

2. 通过接受赞美,发现自己的优点,扬长避短。

3. 学会人际沟通的技巧,掌握人际和谐的秘诀。

活动时间：

15 分钟。

活动道具：

纸、铅笔或钢笔和一些奖品。

活动程序：

1. 给每个人 5 分钟的时间,让他们匿名如实地对其他人写出尽可能多的赞扬,每一个赞扬就是一颗"糖豆"。这些赞扬可以是比较肤浅的(你的领带真不错,你的衣服和你很相称,等等),也可以是比较个人的(任何赞扬者乐意表达的东西)。唯一的原则是:在相互写下赞扬时,必须进行目光的交流。

2. 直到所有的学生把自己写的赞扬("糖豆")都给了别人。每个人都坐下来后,同时打开收到的礼物。

3. 在向学生发出信号让他们看自己手中的"糖豆"之前,向他们提问:"你们中有多少人从某个你们从未给过他'糖豆'的人那儿收到了至少一个'糖豆'?""你们对此感觉如何?"

活动讨论：

1. 当你看到别人所写的关于你的一些东西,你的感受如何？

2. 赞扬是匿名的,这样做有什么目的？ 为什么？ 如果署上真名,会不会更好？

3. 如果你要将收到的"糖豆"与那些和你有过眼神接触的人对应起来,你会怎么做? 这对促进双方的关系有什么帮助?

4. 你还想再送一些"糖豆"给其他人吗? 当你想做的时候,为什么自己不去做呢?

注意事项:

1. 一句由衷的赞美或一句得体的建议,会让对方感觉到你对他的重视,也会在无形中增加对你的好感。赞美会让人们觉得自己得到了更多的关注,让人们处在兴奋的心理状态中。

2. 不要盲目赞美或过分赞美,这样容易有谄媚之嫌。多一些尊重和真诚,赞美才会更容易消除心理的保护膜,让同学关系更加和谐。

活动十:友谊之词

活动目的:

1. 使学生懂得珍惜友情的重要意义。

2. 使学生学会与朋友真诚相处,且不轻易放弃友谊。

活动时间:

5 分钟。

活动道具:

A3 纸、剪刀、胶水、友谊之词的范例。

活动程序:

1. 全班分成 8 个小组,每组派发一个友谊的例子、一些旧报纸、A3 白纸、剪刀、胶水。

友谊之词的范例:

(1) 友谊,是人生最珍贵的感情之一。古今中外不知多少名人用优美的诗句来歌颂与赞美过它。

(2) 曾经有一位伟人说过:"得不到友情的人将是终身可怜的孤独者;没有友情的社会,只是一片繁华的沙漠。"

(3) 朋友就是友谊的代言人。他们不曾嫌弃任何人与放弃任何人,而用他们那宽大的心去容纳与接受别人,使别人能在他们的身上感受到友谊的温暖和关怀。

(4) 在顺境中,朋友结识了我们;在逆境中,我们了解了朋友。

(5) 友谊是瞬间开放的花,而时间会使它结果。

（6）友谊是一把雨伞下的两个身影，是一张课桌上的两对明眸；友谊是理想土壤中的两朵小花，是宏伟乐章中的两个音符。

（7）友谊是永不落山的太阳。让朋友走近你的心田，滋润你的灵魂。

（8）请伸出你的友谊之手，让我们手牵手，肩并肩，真心体验友谊，真心感受友谊，珍惜友谊，让友谊之花处处盛开。我坚信，我们的明天会更加美好灿烂！

2. 请每个小组设计一段送给好朋友的"友情之词"，要表达出好朋友之间的亲密无间、肝胆相照、珍惜友谊、相互尊重、不轻易放弃友情。

3. 可随意运用报纸剪贴等方法来表达小组的意思。

活动讨论：

请小组派组员读出"友情之词"，并解释其中的内容。

注意事项：

教师需要通过学生的设计带出以下重点：一是对待一段友情时，要有一颗真诚的心；二是当决定与某人做朋友后，就要像所写的"友谊之词"那样与朋友相处。

四、学习管理

活动十一：时间指示器

活动目的：

1. 通过扮演时钟，训练反应能力和协调性。

2. 让学生懂得珍惜时间，学会合理安排时间。

活动时间：

5 分钟。

活动道具：

不同长度的棍子、记号笔。

活动程序：

1. 在白板或墙壁上画一个大的时钟模型，分别将时钟的刻度标识出来。

2. 找三个人分别扮演时钟的秒针、分针和时针，手上拿着三种长度不一的棍子或其他道具（代表时钟的指针），在时钟前面站成一纵列（注意是背向白板或墙壁，扮演者看不到时钟模型）。

3. 教师任意说出一个时刻，比如现在是 3 点 45 分 15 秒，要三个扮演者迅速地将代表指针的道具指向正确的位置。

4. 撕纸条。教师把事先准备好的 1 cm 宽、100 cm 长的纸条发给学生,告诉大家:每个人手中的纸条代表时间,假如这个时间是一天,那就是 24 小时。想一想,自己的一天是怎样度过的? 睡觉用了多少时间? 把它撕掉。吃饭、看电视、玩游戏、踢足球、聊天、发呆等分别用了多少时间? ——把它们撕去,看看还剩多少时间用来学习? 大家比一比,谁留给学习的时间最多?

5. 向每个学生分发一张印有圆形图案的白纸,请大家想一想:假如这个圆表示一周的时间,你怎样进行管理? 如何合理分配? 请各位画出"时间管理饼图",画完后进行交流。

活动讨论:

1. 谁留给自己学习的时间最多? 大约有多长时间?

2. 分享自己的"时间管理饼图"。

注意事项:

1. 棍子长短注意秒、分、时针的比例。

2. 画"时间管理饼图"时,一个圆可以代表一天,也可以是一周、十天等。圆形分割可以用线条,也可以用彩色笔涂出色块。

3. 画出"时间管理饼图"的目的是启发学生思考如何合理安排自己的时间,画完后的交流很重要,教师应根据学生的时间管理计划作出恰当的点评。

活动十二:三分钟测试

活动目的:

1. 让学生懂得要打破思维定势,养成良好的阅读习惯。

2. 让学生养成统观全局的思维习惯。

活动时间:

3 分钟。

活动道具:

读与做测试题(限时 3 分钟)、计时器。

活动程序:

1. 宣布这是一个测试沟通能力的游戏,测试有时间限制,答题时间最长为 3 分钟。

2. 把材料发给学生(注意材料要正面朝下扣在桌上)。

(1) 做题之前先通读全部资料。

（2）将你的名字写在本页的右上角。

（3）将第二句中的"名字"这个词圈出来。

（4）在本页的左上角画五个小方格。

（5）大声叫你自己的名字。

（6）在本页的第二个标题下再写一遍你的名字。

（7）在第一个标题后面写上"是""是""是"。

（8）把第五个句子圈起来。

（9）在本页的左下角写个"X"。

（10）喜欢这项测试就说"是"，不喜欢就说"不"。

（11）测试中，你的成绩达到这个点，就大声叫一下自己的姓名。

（12）在本页右边的空白处，写上一个 66×7 的算式。

（13）在第四个句子中的"本页"这个词周围画个方框。

（14）如果你认为自己已仔细地按要求做了，就叫一声"我做到了"。

（15）在本页左边的空白处写上 69 和 98。

（16）用你正常讲话的声音从 10 数到 1。

（17）站起来，转一圈，然后坐下。

（18）大声说出："我快干完了，我是按要求做的。"

（19）如果你是第一个做好这一题的，就说："我是执行要求的优胜者"。

（20）既然你已按第一句的要求，认真读完了全篇内容，只需做好第二句的要求就算完成任务。

3. 试题全部发完之后，教师提示本次活动需要计时，活动计时开始。

活动讨论：

1. 学生分享活动体验的感受。

2. 自己"上当受骗"的原因是什么？

注意事项：

1. 教师不要过分提示指导，只说一遍就可以。

2. 活动时间一般以 3 分钟为宜，不宜过长，时间到了就停止游戏。

活动十三：拍手比赛

活动目的：

1. 体会制订目标的重要含义，增强制订学习目标的意识。

2. 知道如何制订并实施具体的目标,提高制订和管理目标的能力。

活动时间:

5 分钟。

活动道具:

计时器 1 个。

活动程序:

1. 教师宣布游戏活动分成两轮,第一轮为全班活动,第二轮为小组比赛。

2. 第一轮:首先,请每个学生预估自己一分钟能拍手多少次? 学生先自行练习一分钟。然后,请学生再预估一次自己一分钟能拍手多少次? 最后请学生挑战自我,看看能否达到或超过自己预估的数值。

3. 第二轮:每个小组选送两位成员参与比赛,一位拍手,一位计数。流程和第一轮相似,先进行预估然后正式拍手。获胜者可以获得奖励。小组比赛的计分规则是,以拍手次数为主,拍的最多的得 10 分,其次是 8 分,然后是 6 分,最后是 4 分;预估与实际的差别为辅,差别最小的得 4 分,然后依次是 3 分、2 分、1分。换言之,就是既要拍得多,又要估得准。

活动讨论:

回顾刚才的游戏过程,你的两次预估有什么不同? 这个游戏对于我们制订目标有什么启示?

注意事项:

教师在引导学生思考制订目标时,一定要让学生注意:

1. 目标制订取决于我们对自身能力的了解和评估。

2. 制订目标要略有挑战性,即跳一跳能达到的目标。

3. 具体明确的目标可以激励我们提升行为效果。

活动十四:比比谁高

活动目的:

1. 训练学生思维,发挥集体智慧,激发个人的想象力、创造力。

2. 让学生体验在合作中竞争,在竞争中合作。

3. 倡导学生的个性发展,认同美、佳、绝多元化的评价标准。

活动时间:

10 分钟。

活动道具：

每组一套工具[一副扑克牌、100 根吸管(其中 20 根带弯头)、20 只回形针]。

活动程序：

1. 6 个人为一组,领取一套工具。

2. 要求在 10 分钟内利用现有材料搭建有高度的作品,并为其命名。

3. 各组派一位成员讲解搭建原理,根据最后的高度及综合结果(外形的美观、结构的稳固、用料的科学、创意的新奇等),评选出如"最高""最美观""最省料""最新奇"等最佳作品。

活动讨论：

1. 小组是如何创作出自己的作品的?

2. 如果有第二次创作,会和第一次有什么不同?

注意事项：

1. 三种材料均要用上,不可以只使用其中的部分材料。

2. 比最高是指直立高度,不可以倚靠墙面、钉在地面、人手扶立等。

3. 各组派出一位成员组成"评委组",分别到各组征求意见并评定最佳作品。

五、责任担当

活动十五:价值拍卖

活动目的：

1. 引导学生学会抓住机会,不轻易放弃。

2. 帮助学生理解树立正确价值观的意义。

活动时间：

15 分钟。

活动道具：

足够的道具钱、不同颜色的硬纸板、拍卖槌。

活动程序：

1. 事前准备:将拍卖的东西事先写在硬纸板上(最好是不同的颜色),以增加拍卖的趣味性及方便拍卖进行。

2. 宣布游戏规则:每个学生手中有 5000 元(道具钱),它代表一个人一生的时间和精力。每个人可以根据自己对人生的理解,随意竞买下表中的东西。每样东西都有底价,每次出价须以 500 元为单位,价高者得,有出价 5000 元的,立即成交。

爱情 500	金钱 1000
友情 500	欢乐 500
健康 1000	长命百岁 500
美貌 500	豪宅名车 500
礼貌 1000	每天都能吃美食 500
名望 500	良心 1000
自由 500	孝心 1000
爱心 500	诚信 1000
权力 1000	智慧 1000
拥有自己的图书馆 1000	名牌大学录取通知书 500
聪明 1000	冒险精神 1000

3. 举行拍卖会。

(1) 由教师或学生主持拍卖。

(2) 按游戏方式进行,直到所有的东西都拍卖完为止,然后请学生认真思考买回来的东西的价值。

活动讨论:

1. 你是否后悔你买到的东西? 为什么?

2. 在拍卖的过程中,你的心情如何?

3. 有没有人什么都没有买? 为什么不买?

4. 你是否后悔自己刚才竞买的东西太少?

5. 竞买的东西是你最想要的吗?

6. 有没有比上面所说的这些更值得追寻的东西呢?

注意事项:

1. 拍卖过程中,要注意课堂纪律,否则整个活动就会变成乱哄哄的滑稽表演。

2. 有的学生可能会重复使用自己手中的代币券,教师应注意提醒这些学生,竞买所付的钱不能超过 5000 元。

活动十六:风雨同行

活动目的:

1. 让学生学会接纳他人的长处,取长补短。

2. 培养学生在团队合作中的集体责任感。

活动时间：

20 分钟。

活动道具：

眼罩、口罩、短绳、篮球、雨伞、椅子、书包、水桶、抱枕等物品。

活动程序：

1. 按七人一组分组,在七人中规定有两个"盲人"、两个"无脚人"、两个"无手人"、一个"哑巴"。

2. 在角色分配完成后,按要求"盲人"戴上眼罩、"哑巴"戴上口罩、"无脚人"捆绑双脚、"无手人"捆绑双手。

3. 学生统一从比赛起点出发,每个小组把所有物品搬运到比赛终点,用时最少的小组获胜。

活动讨论：

全班交流分享活动感受。

注意事项：

1. 比赛计时从教师宣布游戏规则开始,包括角色分配、扮演、合作等过程。

2. 设计的起点与终点间的距离应该大于 20 米,并且设置障碍提高难度。要求集体配合,共同承担,一次搬运完毕。

活动十七:夺位奇兵

活动目的：

1. 懂得反省自己的自私行为。

2. 学会顾及别人的需要,主动帮助别人。

活动时间：

5 分钟。

活动道具：

椅子若干。

活动程序：

1. 先把全班学生分成四个小组,可自行或以抽签形式分组,每组派两名组员参加游戏。

2. 教师请参加游戏的学生先在教室门外等待。

3. 教师在教室内布置空椅子的分布情况,假设教室里有八张空椅子,搬走其中几张椅子,使得空椅子的数目少于参与游戏的人数;同时,空椅子需要随机摆放,例如,一些空椅子可以并排在门后,一些空椅子可以并排在靠近墙报的位置。

4. 教师完成空椅子的布置后,请参与者进入教室,游戏正式开始。

5. 参与者进入教室后,教师再向全班学生解释游戏规则,即参与者须尽快与组员在教室内寻找空的座位坐下,组员和座位必须并排在一起,不可分开(估计只有两组可成功找到座位,有些组员会尝试抢占空的座位给同伴坐下)。

6. 能够与组员一起坐下的一组获胜,只有一位组员坐下的小组失败。获胜的参与者所属的小组也同时获胜。

活动讨论:

1. 参与活动的学生分享活动体验。

2. 观看活动的感受。

3. 如果将此游戏与现实生活中公交车车厢情况相比,你认为它们有哪些相似的地方?

注意事项:

教师需要指出,有时人们会做出一些自私行为,这对其他人是不公平的,而占位只是其中一个例子。教师须引导学生多为别人着想,顾及别人的需要,帮助别人。

活动十八:Hands up

活动目的:

1. 使学生体验坚持所需的耐心和毅力,培养学生的意志力。

2. 使学生认识到意志力的培养要从小事做起。

活动时间:

10 分钟。

活动道具:

秒表一只。

活动程序:

全体学生按体操队形站立,每个人的两只手臂伸直向胸前平举,身体不准晃动,坚持 5 分钟(教师可根据学生实际情况选择时间长短),看谁能坚持到最后。

活动讨论:

1. 当时间过了一半的时候,你有什么感受?

2. 当你坚持到最后的时候,你有什么感受?

3. 在坚持的过程中遇到了哪些困难,你是如何克服的?

4. 你觉得这个游戏对你的学习与生活有何启发?

注意事项:

1. 教师可以与学生一起参与这个游戏,与学生一起体验,可以减少尴尬,活跃课堂气氛。

2. 游戏过程中,教师可在学生举手的时候播放一些激励性的歌曲或音乐,也可以为他们喊一些激励的口号等。规定时间到了,教师要给予那些坚持到最后的学生鼓励,此时游戏还可继续做下去,可将时间再延长一分钟,看还有哪些学生能坚持。若有学生能坚持到最后,教师应当在全班同学面前对其进行表扬,以鼓励他们的耐力和毅力。

六、知恩感恩

活动十九:感恩父母

活动目的:

1. 使学生加深对自己父母的了解,学会感恩父母。

2. 使学生将感恩意识融入自己的日常生活。

活动时间:

10 分钟。

活动道具:

歌曲《感恩的心》或《时间都去哪儿了》,问卷《我所了解的父母》。

活动程序:

1. 让学生在以下空白处填写内容,限时 5 分钟(播放背景音乐)。

我所了解的父母

爸爸的生日 _____	妈妈的生日 _____
爸爸最喜欢吃的食品 _____	妈妈最喜欢吃的食品 _____
爸爸所穿鞋子的尺码 _____	妈妈所穿鞋子的尺码 _____
爸爸的兴趣爱好 _____	妈妈的兴趣爱好 _____
爸爸年轻时的理想 _____	妈妈年轻时的理想 _____
爸爸最得意的一件事 _____	妈妈最得意的一件事 _____

爸爸最后悔的一件事_____　　　妈妈最后悔的一件事_____

爸爸最大的优点_____　　　妈妈最大的优点_____

爸爸对我的期望_____　　　妈妈对我的期望_____

活动讨论：

请学生分享自己对父母的了解。

注意事项：

1. 如果条件允许的话，可以邀请若干学生家长亲临现场，与子女互动，课堂效果可能会更好些。

2. 在游戏分享的时候，教师需要向学生说明，应本着诚实认真的态度。例如，可能会有这样的情况发生：有的学生不知道自己父母的生日，又害怕同桌或周围的同学看不起自己，就随便填一个生日数字；有的学生觉得这是自己家的隐私问题，不愿意回答；等等。此时教师不应强求学生回答。

活动二十：亲子天平

活动目的：

1. 了解父母对子女的爱，激发学生对父母真挚的情感。

2. 使学生学会关爱父母、理解父母。

活动时间：

5 分钟。

活动道具：

A4 纸。

活动程序：

1. 教师发放 A4 纸。

2. 学生将 A4 纸左右对折，分为左右两栏。

3. 左边一栏写下你为父母做过的印象深刻、令人感动的事情，右边一栏写下父母为你做过的印象深刻、令人感动的事情。

活动讨论：

1. 天平两端装了些什么？

2. 第一笔写在了哪边？失衡吗？

3. 你在你父母心中的地位和你父母在你心中的地位一样吗？

4. 这个活动给你的启示是什么？

注意事项：

此活动可作为感恩父母主题班会活动，在活动过程中，需要注意课堂氛围的营造。

活动二十一：集思广益

活动目的：

1. 使学生树立求助意识，能借助他人的智慧解决自己的难题。

2. 培养学生的关爱之心，使其乐于帮助别人解决难题。

活动时间：

15 分钟。

活动道具：

一些塑料饮料瓶（漂流瓶）、信封和白纸。

活动程序：

1. 全班分成若干 4—6 人的小组。

2. 开始"献策"。

（1）教师将漂流瓶、信封和白纸发给每一位学生，每位学生可以自由选择使用。

（2）每位学生在事先准备好的白纸上写下自己最头痛、最想解决的问题（如学习问题、交往中的问题等，简单描述自己对这些问题的困惑），然后把这张纸装在准备好的漂流瓶或信封里。

（3）以小组为单位，让每个小组成员的"求助信"在全班范围内"漂流"，每位学生负责为"漂流"到自己手里的"求助信"献策，并在策略末尾写上自己的名字（注：如果学生不愿意留下自己的名字，可以不留；尽量多地将"漂流瓶"传到不同学生的手里），最后"物归原主"。每位学生不必拘于只献一计。

3. "感谢"：向为自己提供可行又有效的方法的同学表示感谢，可用自己喜欢的方式表达。

活动讨论：

交流自己收获的计策。

注意事项：

1. 问题的署名。有的学生在寻求别人帮助的时候，由于害怕自己的隐私被暴露，不敢写出内心真正感到困惑的问题。所以教师在宣布写出疑难问题时，可让学生根据实际情况署名,这样可以让学生心理上有一种安全感,有助于体现求助问题的真实性。

2. 鼓励大家尽可能多地提出解决方法。在献策时应注意,关于解决问题的建议,想到什么就写下来。不要"删改",越多越好,类似于头脑风暴。

3. 为了调节气氛,教师可请学生在自己收到的(或小组其他成员收到的)计策中评选出以下奖项:

最佳方法——最佳创意奖;

最奇特的方法——别出心裁奖;

最容易完成的方法——善解人意奖;

方法最多的——"智多星"荣誉称号。

4. 如果时间充裕,教师应该就这些计策或建议安排小组讨论,让学生更清晰地知道,采用这些计策时应注意哪些问题,如何使这些建议或计策更有效等。

参 考 文 献

[1] 张锐.主题班会形式综述[J].教学与管理,2005(4).

[2] 韩和鸣.课程目标问题探讨[J].教育理论与实践,2006.

[3] 申爱霞,陈霞.试论利用主题班会实现班级教育目标[J].伊犁教育学院学报,2006(6).

[4] 刘新颖.中学主题班会推进性评价应用研究[D].华东师范大学,2011.

[5] 李笑非.高中主题班会课活动的设计与实践研究——以成都七中高中为主要研究样本[D].四川师范大学教师教育学院,2011.

[6] 姚观锋.主题班会活动中励志教育的目标、内容和活动设计[J].现代教育科学,2013(2).

[7] 陈志坤.开展高中主题班会课的实践探索——以随县一中为个案[D].华中师范大学,2013.

[8] 李丽.关心型师生关系及其构建[D].华中师范大学,2014.

[9] 程琳.适合教育理念下的主题班会实践研究[D].华中科技大学,2017.

[10] 任光华.主题班会培养初中学生责任意识分层级目标设置的探索[J].科普童话,2017(25).

[11] 李晗.高中主题班会设计现状与优化策略[D].华中师范大学马克思主义学院,2018.

[12] 魏登尖.主题班会活动中育人资源的构成要素与生成路径[J].福建教育,2019(10).

[13] 陈琦,刘儒德.当代教育心理学[M].北京:北京师范大学出版社,2007.

[14] 袁振国.教育评价与测量[M].北京:教育科学出版社,2007.

[15] 张亚男.中小学主题班会研究综述[J].教学与管理,2009(9).

[16] 迟希新.有效主题班会八讲[M].上海:华东师范大学出版社,2012.

［17］檀传宝,等.教师德育专业化读本［M］.北京:教育科学出版社,2012.

［18］谢延龙.西方教师教育思想——从苏格拉底到杜威［M］.福州:福建教育出版社,2015.

［19］周凤林.学校德育顶层设计 18 问［M］.上海:华东师范大学出版社,2015.

［20］王军钊.主题课程开发与实施的整合研究［M］.北京:光明日报出版社,2018.

［21］李秀萍.班会课怎么上才有效［M］.上海:华东师范大学出版社,2018.

［22］蔺素琴.班主任胜任能力实训［M］.北京:高等教育出版社,2019.